［日］深尾三四郎 ——

著

赵艳华 ——

译

零碳出行

汽车产业的绿色转型指南

中国科学技术出版社

·北 京·

MOBILITY ZERO DATSU TANSO JIDAI NO JIDOSHA BUSINESS written by Sanshiro Fukao.

Copyright © 2021 by ITOCHU Research Institute, Inc. All rights reserved.

Originally published in Japan by Nikkei Business Publications, Inc.

Simplified Chinese translation rights arranged with Nikkei Business Publications, Inc. through Shanghai To-Asia Culture Co., Ltd.

北京市版权局著作权合同登记　图字：01-2022-0621。

图书在版编目（CIP）数据

零碳出行：汽车产业的绿色转型指南 /（日）深尾三四郎著；赵艳华译 . -- 北京：中国科学技术出版社，2023.1

ISBN 978-7-5046-9821-6

Ⅰ . ①零… Ⅱ . ①深… ②赵… Ⅲ . ①汽车工业—产业结构升级 Ⅳ . ① F407.471

中国版本图书馆 CIP 数据核字（2022）第 199862 号

策划编辑	王碧玉	责任编辑	孙倩倩
封面设计	创研设	版式设计	蚂蚁设计
责任校对	邓雪梅	责任印制	李晓霖

出　　版	中国科学技术出版社
发　　行	中国科学技术出版社有限公司发行部
地　　址	北京市海淀区中关村南大街 16 号
邮　　编	100081
发行电话	010-62173865
传　　真	010-62173081
网　　址	http://www.cspbooks.com.cn

开　　本	880mm×1230mm　1/32
字　　数	132 千字
印　　张	7.25
版　　次	2023 年 1 月第 1 版
印　　次	2023 年 1 月第 1 次印刷
印　　刷	北京盛通印刷股份有限公司
书　　号	ISBN 978-7-5046-9821-6/F·1063
定　　价	69.00 元

"When fate hands us a lemon, let's try to make lemonade."

如果命运递给我们一个柠檬，

那我们就设法把它做成柠檬汁吧。

——安德鲁·卡内基（Andrew Carnegie）

序言

"二氧化碳看不见摸不着，但它的排放权一旦被确立，世界秩序就会随之发生变化。人们可以通过交易转让二氧化碳排放权。这意味着减少二氧化碳排放的行为将成为一种能够用来交易的货币。因为二氧化碳对地球上的任何人来说都是一样的，所以当全世界都将脱碳作为环保措施时，这种货币将变成国际货币。脱碳会创造一种新的国际货币，并在此基础上打造出新经济圈，通过产业创新来促进当地居民就业。"

20多年前笔者在伦敦学到的知识

20多年前，笔者在伦敦的一所大学求学，学到很多关于环境政策的知识。如今笔者将当时学到的知识浓缩运用到本书中，以飨读者。

接下来，笔者将回顾大学生活，讲述掀起脱碳风潮的《京都议定书》签订之后笔者在学校的学习情况。

笔者的母校伦敦政治经济学院成立于1895年，它为世界各国培养了大量政治家。笔者于2000年入学，攻读环境政策与经济学专业。当时，这个专业刚刚成立两年，是全校最新的专业。提出"科斯定理"，奠定了排放权交易理论基础，并于1991年获得诺贝尔经济学奖的罗纳德·H. 科斯（Ronald H. Coase）是笔者的校友，并曾在母校执教。由此可见，伦敦政治经济学院是很看好环境政策与经济学的发展前景的。1997年联合国通过《京都议定书》之后，以此为契机，学校便成立了该系。地理与环境学专业的著名教授参与了英国与欧盟委员会的环境政策制定，并于2005年参与设计了世界首个排放权交易机制——欧盟碳排放权交易机制（EU-ETS）。

那个时候，笔者被学科的新鲜感所吸引，对环境与经济的交叉融合也抱有些许兴趣，所以选择了这一专业。不过，当时笔者并不能很好地理解教授的学术观点，甚至认为归根结底这不过是一种欧洲人喜好的炼金术而已，所以上课的时候也心不在焉。

《京都议定书》依据的是在京都召开的《联合国气候变化框架公约》第三次缔约方大会达成共识的意见。在《京都议定书》中，人们第一次就温室气体排放制定出国际标准，并规定各缔约方在2008年至2012年间必须履行减排义务。从这一点来看，《京都议定书》具有划时代意义。温室气体排放较多的发展中国家（如中国和印度等），制定自愿减排目标；在发达国家中，美国温室气体排放量最多，当初美国积极推进《京都议定书》的签订，却只签字而未批准，并在2001年宣布退出《京都议定书》；俄罗斯在2004年正式批准《京都议定书》。可见，当时《京都议定书》在付诸实施过程中遭遇到相当大的阻力，不像如今这样成为一项全球性行动。

伦敦政治经济学院的学生来自世界各地，但笔者攻读的专业（学士学位）只有一个日本人（即笔者本人）。当笔者毕业时，入学学生中有三分之二的人或者中途转到了其他专业，或者因学业不及格而退学。随着升入高年级，同学数量越来越少，这使笔者感到有点孤独。与培养出众多诺贝尔奖获奖者、金光闪闪的经济学院不同，笔者所在的地理与环境学院的学生上课时要穿着长靴前往乡下进行水质调查，全身经常沾满淤泥。尽管身处伦敦市中心，笔者的专业和所学内容却一点都不酷炫，所以当时的笔者羞于将自己在哪个学院读书告诉别人。即使在以社会科学见长的伦敦政治经济学院，环境政策与环境经济学也属于边缘学科，环境问题和政策动向并不如今天这样受到关注。

为了能听懂课堂内容，笔者每天要进行大量学习，在伦敦政治经济学院的每一天都过得非常煎熬。毕业之后，因为想在最感兴趣的汽车行业从事分析师的工作，所以笔者回到了日本，加入野村证券公司。之后，笔者还在外国证券公司和对冲基金公司从事汽车以外行业的分析师工作，并在银行系智库担任分析师至今。不过，在迄今为止将近20年的分析师职业生涯中，笔者几乎没有利用到在大学学到的知识。

区块链和零碳排放的共通之处

然而，直到最近，笔者才真正理解了当初教授讲授的知识。契机有两个。第一个契机是笔者作为移动开放区块链倡议（Mobility Open Blockchain Initiative，MOBI）联盟的理事，目睹了联盟成员中的国际机构和外国政府如何同汽车企业共同制定最新技术标准，了解了怎样使无形事物的价值可视化，理解了价值网络化的基础——区块链。区块链是虚拟人物中本聪于2008年在网络发表的论文中提出的技术。第二个契机是全球社会遭遇到了新冠肺炎疫情的冲击。

区块链为无形数字资产赋予所有权，是数字孪生的底层技术。数字孪生是利用传感器等物联网（IOT）技术，将现实世界的人、物、环境等信息实时发送到网络空间，变成数字资产的过程。在今天，"环境"这一概念还包括了能够创造出价值的无形物，例如可再生能源、碳足迹①等。在与亚洲国家政府、地方政府工作人员的交流中，笔者发现将这些数字孪生集合起来，打造

---

① 碳足迹是指企业机构、活动、产品或个人通过交通运输、食品生产和消费以及各类生产过程等引起的温室气体排放的集合。——编者注

"城市的数字孪生",已经成为建设智慧城市的新趋势。

一旦数字孪生被记录到区块链,它们便不会被复制或篡改。数字孪生的身份属性(唯一性,即自身独有的属性)受到保护,这保证了单个所有者对数字孪生的所有权,并且这一所有权可以让渡给新的所有者。在网络空间中,数字孪生的唯一性和所有权的可转让性是构成其价值的重要因素。现实世界中价值转移的媒介是货币,而在网络空间中则是加密资产(虚拟货币)。

于是,人们可以将无形但有价值的东西放到网络空间,作为数字资产进行管理,赋予所有权,并制定新的价值衡量标准。这种信用创造的形式与碳信用的创建如出一辙。在20多年前,密码技术和物联网尚不发达,还没有区块链这样的技术来促进二氧化碳的减排,提高碳排放权交易的透明度,而二氧化碳的减排和碳排放权交易的透明度恰恰是碳信用的基础。

区块链的出现和推广,与二氧化碳减排这一全球共有财产的信用创建位于同一时间轴上,这并非巧合。事实上,在碳信用的创建中,日本也在考虑引入区块链技术。

600多年一遇的大变革和新的信用创建

人们抗击新冠肺炎疫情是一场无形的战斗。大约600多年前,欧洲鼠疫大流行后社会出现了文艺复兴,而如今我们的社会也正在发生一场"文艺复兴式"的革命。当时欧洲人发明了铅字印刷术和复式记账法，从根本上颠覆了货币和信用体系方面的既有概念，而如今我们正在经历的这场革命，其影响力完全可与文艺复兴相媲美。笔者所说的革命正是区块链社会的扩展和脱碳趋势的加速带来新的信任协议（机制）和信用创建，即创建新的货币。

正如本书所述，在推出碳排放权交易和碳关税（碳边界调整机制）之后，在未来碳信用额将可能成为一种国际数字货币。脱碳将成为自工业革命以来的重大社会变革，极大地改变世界秩序。

欧洲人改变游戏规则，发明新的炼金术

脱碳是对世界经济规则的一种改变，是将减排行为转化为金钱的新型炼金术。汽车产业将成为这场变革的主要舞台。汽车诞生于欧洲，欧洲人对此有一种自豪感和荣誉感。为了再度掌握汽车产业的主导权，欧洲人想要利用脱碳来改变游戏规则，重新制定规则。欧洲由多种文化的国家和地区组成，欧洲人在长年累月的生活中形成了一种生存智慧，他们擅长改变游戏规则，制定新的规则。汽车行业的流行词"CASE①"于2016年诞生于欧洲，从

---

① 联网功能（Connected）、自动驾驶（Autonomous）、共享服务（Share & Service）、自动化（Electrified）英文首字母的缩写，代表了未来汽车的发展趋势，即"互联、自动、共享和电动汽车"。——译者注

那时起，欧洲人已经巧妙地写好了更改游戏规则的脚本。

汽车的原点回归和零碳排放

英国很早就宣布要推进汽车的电动化转型。事实上，英国野心勃勃的脱碳政策来自苏格兰。

苏格兰发现仅靠当地的风力发电就能满足居民的能源需求，于是在2017年作出承诺，到2032年将报废所有的燃油车。苏格兰地方政府提出的目标比英国政府更有野心，是因为在苏格兰海岸附近的北海上，利用海洋风力发电比开采石油能创造出更多的就业机会，对社会经济的贡献更大。

汽车行业脱碳的核心是电动汽车（Electric Vehicle，EV），其历史可以追溯到1832年苏格兰人罗伯特·安德森（Robert Anderson）的发明。2021年，阻止全球变暖行动的合作舞台从京都、巴黎转移到苏格兰格拉斯哥。《联合国气候变化框架公约》第二十六次缔约方大会于2021年11月在电动汽车和蒸汽机车的诞生地格拉斯哥举行。对英国来说，脱碳将是自工业革命以来的一场大变革，格拉斯哥被选为此次国际会议的举办地极具象征意义。

毫无疑问，《格拉斯哥气候公约》将成为继《京都议定书》和《巴黎协定》之后的全球环境政策的里程碑。新冠肺炎疫情正在影响全球经济秩序，在这一背景下，英国和欧盟国家将脱碳视为工业革命以来的重大变革，它们急于通过改变旧规则、制定新规则，来掌握这场变革的主导权。美国、中国和俄罗斯也加入了这场全球性的行动中。

本书书名是《零碳出行：汽车产业的绿色转型指南》，顾名思义，本书将聚焦于移动出行领域，阐述脱碳、碳中和理念的含义、目的、方法，并考察如何在这一理念的指导下实现二氧化碳零排放目标。

汽车行业即将迎来新的变革期，这一变革足以与工业革命相媲美。我们要摒弃传统刻板印象，从零出发，积极寻找新价值和新方法，这也是本书取名《零碳出行：汽车产业的绿色转型指南》的缘由之一。

脱碳的本质是价值创新

脱碳的本质是在减少碳足迹的同时，促进各行业的价值创新，打造新的经济圈，提供更多的就业机会，所以我们的目光不应该只聚焦在二氧化碳减排数字上。

要了解什么是脱碳，需要首先了解欧洲人改变游戏规则的背景和方法论。脱碳是汽车行业数字化转型的一环，是一项无国界的举措，它将在一个不分国家和地区、与企业规模无关的世界中，打造出新的经济圈。届时，人们的观念将发生重大转变，从利用"物"创造价值，转变为利用"价值（环境）"创造价值，人们将更关注如何为当地居民提供更多就业机会，增加当地居民的收入。

脱碳政策是由决策者设计制定的。对我们来说，重要的是，要站在决策者的角度，了解他们为什么要改变游戏规则，制定新规则，他们这样做的目的是什么。在脱碳方面，首先日本企业要理解什么是"制定规则"，并努力参与到规则制定中，然后才是"制造产品"。遗憾的是，很多日本企业却恰恰把这个先后顺序颠倒了。在欧洲人制定的规则博弈（例如脱碳、可持续发展目标）中，日本企业如果能够真正理解规则制定的意图，并参与到规则制定中，就能摆脱眼前的困难处境。

汽车产业将迎来"零碳出行"时代，笔者将与各位读者朋友共同见证汽车行业的发展。日本将如何在这场价值创新的潮流中生存下去？针对这一问题，本书将尝试给出解决方案，并向日本汽车行业提出建议。

目 录

第3章　碳足迹的决定因素

第4章　苹果公司进军电动汽车领域意味着什么？

零碳出行

汽车产业的绿色转型指南

绪论

欧盟电池指令的冲击

日本汽车产业正在被欧洲人攻城略地

2020年12月10日，欧盟委员会颁布了新的电池法的提议草案，该提议草案是对便携式电池、汽车电池、电动汽车电池和工业电池法规的重大修订，目的是构建循环经济。提议草案添加的新内容震动了全球汽车行业，尤其对日本汽车制造商产生了重大冲击。

该提议草案的前身是针对欧盟各国电池和废旧电池的管理指令《电池指令》，它在欧盟各成员国内部实施。2021年1月25日，欧盟委员会废除了《电池指令》，并于26日通报了世界贸易组织新电池法的名称——《关于电池和废电池的法规提案》。在将现行电池管控方式从"指令"升级为"法规"之后，该法规就跳过了转化为成员国国内法这一程序，统一适用于欧盟各成员国。对该法规的公众意见征询截止日期为2021年4月26日，该法规于2022年获得通过。

该法规中增加了13项新要求（参考第1章），其中的一项内容尤其令人震惊：从2024年7月1日起，针对电动汽车电池和工业电池，相关企业必须对碳足迹进行申报，申报内容包括电池和零部件制造商和生产工厂的信息、电池生命周期各阶段的二氧化碳排放总量、独立的第三方检验机构的验证书等。该法规规定，只有公布了碳足迹的电池才能进入销售市场。

人们对产品在整个生命周期（从原料收集、材料和产品生产，到流通、消费、废弃、回收的全过程）中的环境负荷进行定量评估，这被称为生命周期评估（life cycle assessment, LCA）。根据《关于电池和废电池的法规提案》的要求，在短短三年半时间内，汽车制造商必须建立起一整套电动汽车电池碳足迹的生命周期评估体系。值得关注的是，电动汽车生命周期中排放的二氧化碳，大多数都产生于电动汽车电池的制造过程。

目前，包括日本在内的许多国家汽车制造商和电池制造商对电动汽车电池碳足迹生命周期评估的布局并不完善，他们如果再不采取措施，那么将来有可能失去欧洲市场。此外，欧盟委员会还计划征收碳关税这一绿色关税（参考第2章）。将来，一旦进口车辆的关税征收标准与电动汽车电池的碳足迹挂钩，在生命周期评估方面应对不力的汽车品牌，其市场竞争力就会下降。尤其对于日本汽车制造商来说，他们在汽车电动化（去发动机化）方面较为滞后，在电动汽车电池的供应链构建和脱碳方面并不占优势。因此，这一政策对日本汽车的不利影响更大。日本汽车产业正在被欧洲人攻城略地。

美国和中国也制定规则

美国也计划征收碳关税，尽管目前为止征税项目尚未确定，但如果美国也像欧盟那样对电动汽车电池碳足迹的生命周期评估提出要求，那么日本汽车在美国的出口竞争力极有可能会下降。中国也开始建立全国统一的碳排放权交易机制。尽管现在中国还没有征收碳关税，但是如果未来中国也征收碳关税，那么对在碳足迹应对方面较为滞后的日本，尤其是日本汽车产业将是巨大的打击。

建立生命周期评估体系并不容易。汽车制造商必须与电动汽车电池原料公司、汽车零部件的化学材料制造商、电池制造商合作，建立起覆盖电动汽车电池整个生命周期的碳足迹数据，并使之具有可追溯性。

旨在创造就业机会的欧盟国家战略

之所以欧盟委员会推行《关于电池和废电池的法规提案》，是因为他们希望把脱碳和构建循环经济打造成一项"国家战略"，而这一国家战略的目的是打造新的产业，提供更多就业岗位。欧盟委员会于2019年12月11日制定了一项环境政策《欧洲绿色协议》，并提出到2050年实现温室气体净零排放，达到气候中性（Climate Neutrality）的目标。这项环境政策的重点措施之一是"循环经济行动计划"（Circular Economy Action Plan），而欧盟《电池指令》的颁布正是该计划的第一个行动。

欧洲主导的国际联盟制定规则

在欧洲，绿色新政的主要战略之一是"可持续的智能移动出行战略"（Sustainable and Smart Mobility Strategy），在这方面欧盟委员会尤其关注汽车的电动化转型。欧盟打造并资助了欧洲电池联盟（European Battery Alliance，EBA），与企业合作研发生产电动汽车电池和工业电池，促进汽车产业的电动化转型。

欧盟委员会根据欧洲电池联盟小组委员会的讨论内容，制定了欧盟《电池指令》。欧洲电池联盟成立于2017年10月，成员除了欧洲汽车相关企业，还包括美国、日本等国的汽车制造商、化学材料制造商，共计600多家企业，是一个体量巨大的联盟。值得一提的是，在德国新设工厂的美国特斯拉公司、电动汽车电池全球领导者中国宁德时代公司以及韩国乐金（LG）新能源公司也都加入了该联盟。然而日本的电池制造商却并未加入。

设计巧妙的汽车产业新规则

2016年10月，在巴黎车展上，时任戴姆勒集团首席执行官的迪特·蔡澈（Dieter Zetsche）提出了一个新的概念"CASE"。紧接着德国联邦参议院通过了一项决议，内容是2030年以后禁止在市场上销售燃油车。仅仅一年之后，欧洲电池联盟就诞生了。也就是说，在饱受柴油排放造假问题困扰的德国吹响了汽车电动化号角之后不久，欧洲就开始制定电动汽车电池的新规则了。

为了让其他地区的人也能接受欧洲人制定的新规则，欧洲人充分利用拥有丰富可再生能源的地理优势，邀请宁德时代、乐金新能源等电动汽车电池制造顶级企业到更容易完成脱碳目标的欧洲建厂，织出循环经济这一张大网，将其他地区企业的资源都网罗到欧洲。这是欧洲人为了建立强大的电动汽车电池供应链而精心策划的战略。这样一来，他们将重新调整已有的汽车供应链和价值链，配合无碳可再生能源产业，打造以电动汽车电池为核心的新型经济圈。

欧盟电池法规还有一点厉害之处，那就是对碳足迹生命周期评估的要求，不仅适用于欧洲，也适用于其他国家和地区。在生命周期评估体系管理之下，人们只要利用可再生能源削减碳足迹，就能以碳信用的形式创造环境价值。如果美国和中国未来能够推动碳定价（排放量交易、碳关税等），碳信用就将像国际货币一样在欧洲、美国和中国之间流通。

要求碳足迹生命周期评估，这是欧洲人主导的汽车产业新规则，是对以往博弈规则的改变，而这一改变欧洲人从几年前就开始巧妙布局了。

促进脱碳的各种机制

建立一个拥有生命周期评估体系的生态系统需要投入大量成本，对企业来说并不容易。不过，政策制定者同时也准备了激励机制，鼓励企业采取措施降低这些成本。这种激励机制就是碳定价。关于这一激励机制，后文还将详细论述。利用市场机制建立二氧化碳排放权交易市场，相关企业通过使用可再生能源制造电动汽车电池，来获得碳信用。在石油化工行业也建立起碳排放权交易市场之后，那些生产电池材料的化学材料制造商如果能够减少二氧化碳排放，为脱碳作出贡献，就可以获得碳信用作为奖励。

欧盟推出碳关税，可以把创造出环境价值的电动汽车相关企业留在欧洲境内，为当地提供更多就业机会，同时还能提高欧盟汽车的出口竞争力。

生命周期评估目标项目的扩展与循环经济的构建

据预测，今后需要进行碳足迹生命周期评估的项目，可能从电动汽车电池扩展到其他汽车零部件，包括在制造阶段排放大量二氧化碳的铁和铝等车身结构材料、电动汽车的电机材料、大量用于车身轻量化和燃料电池汽车（FCV）的碳纤维增强塑料（carbon fiber reinforced plastics，CFRP）等。欧洲汽车制造商和化学材料制造商已经预见到了这一点，并开始展开行动。

现在，欧盟要求电动汽车电池等零部件在制造过程需要进行碳足迹生命周期评估。未来通过回收再利用建立起循环经济之后，碳足迹生命周期评估认证的范围将从新车出厂扩大到分销、消费、废弃、回收再利用的整个过程。

因为无论汽车的制造、流通，还是利用汽车进行运输，都会在全球范围产生大量二氧化碳，所以汽车产业的碳足迹生命周期评估认证和循环经济构建已经成为当务之急。

欧盟全力推进汽车产业的脱碳政策制定和制度建立，其背后有深刻的原因。这样做既可以扩大碳信用这一新型货币的应用领域，还可以利用电动汽车电池创造更多的环境价值，打造跨国新型经济圈。而这一切的最终目的都是增加当地就业岗位，创造更多的财富。欧洲人试图通过制定脱碳规则，再度掌握汽车产业的主导权。

新生态系统创造新的价值和就业岗位

欧盟的政策制定者正在敦促汽车行业作出重大观念转变，将目光从汽车本身转向电动汽车电池创造的新价值上。所谓的新价值指的是因汽车生命周期内减少了二氧化碳排放，以及分布式电网中电动汽车电池利用可再生能源发电而产生的环境价值。尤其是在可再生能源发电方面，对风力发电和太阳能发电等无碳可再生能源的投资，将创造大量的就业岗位。

要通过碳信用使这一新价值变得清晰可见，欧盟的政策制定者会要求汽车制造商和电力公司引入碳排放权交易机制。因为汽车产业与电力产业将通过电动汽车创造并提升新的价值，所以在脱碳政策中，电动汽车推广战略和绿色能源发电战略总是被捆绑在一起。

随着燃油车向电动汽车转型，每台汽车安装的零部件数量将大幅减少，这样一来，现有汽车产业供应链中，发动机零部件制造领域将有很多人失业。不过，欧盟各成员国会投资相关的新兴产业，例如利用可再生能源充电网进行发电、配电、充电等，这会带来新的就业机会，冲抵现有汽车业务减少的工作岗位。欧盟政策制定者的最终目的是形成以电动汽车为核心的新生态系统，从而增加更多的就业岗位。

一些国家和地区的坚定承诺：脱碳的目的是创造就业机会

欧盟为应对全球气候变化而采取各种对策，这些对策的主要目的就是创造更多的就业机会。"欧洲绿色协议"这一名称效仿了奥巴马的一项名为"绿色新政"的国家战略。（2008年11月，美国正值严重的金融危机，刚刚上任不久的美国总统奥巴马推出了"绿色新政"战略。）《欧洲绿色协议》鼓励企业投资可再生能源和抑制全球变暖相关领域，目的是创造更多就业岗位。

美国在拜登总统上任不久后，重返《巴黎协定》。2021年4月28日，拜登在上任后首次美国国会联席会议发言中表示"以往很长时间，我们谈到应对气候危机时，始终没有提到一个重要的论点——就业"。他宣布要在美国境内增加电动汽车制造商和电动汽车电池制造商的数量，增加公共投资来扩充电网、普及充电站，为电工提供更多就业岗位。

1933年，美国总统富兰克林·罗斯福为摆脱大萧条[①]而发起了"罗斯福新政"。如今，欧盟和拜登政府也效仿罗斯福的这一举措，推出了各种政策，尝试通过积极的公共投资来刺激经济，并且不约而同地都将重点放到了气候对策上。

与"罗斯福新政"不同的是，欧盟和拜登政府的政策野心不仅在本国或本地区内，它们还试图在本国或本地区外推动长期社

---

① 指1929年至1933年发源于美国，后来波及多个资本主义国家的经济危机。——编者注

会变革，以期达到碳中和的目的。在实现碳中和的道路上，汽车电动化被放到了举足轻重的位置。

中国的加入

中国是全球最大的汽车市场。在2020年9月22日的第七十五届联合国大会一般性辩论上，中国国家主席习近平表示，中国的二氧化碳排放力争于2030年前达到峰值，努力争取2060年前实现碳中和。2021年3月5日，国务院《政府工作报告》中提出："中国作为地球村的一员，将以实际行动为全球应对气候变化作出应有贡献。"

习近平主席出席了气候变化峰会，可见中国政府高度重视应对气候变化问题的国际合作。中国现在已经成为全球最大的电动汽车市场，今后中国还将大力支持电动汽车出口，进一步推动汽车产业的国际化，目的是将中国打造成汽车强国。2021年2月，中国建立了碳排放权交易市场，电力行业成为首批被纳入碳排放权交易市场中的行业之一。未来，汽车行业很有可能也被纳入这一交易市场。为了维持和提高汽车产业的国际竞争力，中国在建立碳排放权交易市场的同时，或许也将推出碳关税，进一步强化相关制度，助力中国电动汽车在国际竞争中取胜。

《京都议定书》和《巴黎协定》影响的时代已经过去，如今，在应对全球气候变化方面，欧盟、美国、中国等围绕着以电动汽车为核心的脱碳行动，纷纷展开行动。全球汽车产业正在进入新的合作竞争时代。

没有半导体芯片便无法造车

随着脱碳趋势的加速发展，汽车行业开始出现重大变革的苗头。

受新冠肺炎疫情的影响，远程办公得到进一步普及，全球范围内对个人电脑和平板电脑等电子产品的需求激增，从2020年年底开始，全球半导体芯片的供需持续紧张。再加上汽车产业开始复苏，于是出现了信息技术产业和汽车产业争夺半导体芯片的现象。更雪上加霜的是，2021年2月一场大寒潮席卷美国得克萨斯州，导致多家半导体芯片制造工厂停产。同时日本大型半导体芯片制造公司瑞萨电子公司的主要工厂因遭遇火灾而停产。这些都进一步加剧了全球半导体芯片的紧缺问题，许多汽车制造商因此被迫减产或停产。

车载半导体芯片主要位于电子控制单元（electronic control unit，ECU）中，随着汽车联网和电动化的发展，现在每台汽车上安装的电子控制单元数量已经增加到50～100个。哪怕缺少一个，也无法制造汽车。

半导体芯片的附加值来源于它的前端工艺，而负责前端工艺的主要是半导体芯片代工厂。世界最大的代工厂之——中国台湾积体电路制造股份有限公司（下称"台积电"）市场占有率在50%左右，韩国三星电子公司市场占有率大约为20%，这两家企业占据了全球70%以上的市场份额。瑞萨电子公司负责生产汽车半导体芯片，它的主要工厂因火灾而停产，之后日本经济产业省和日本汽车工业协会请求台积电代替生产。但是代工厂卖给汽车行业的半导体芯片销售额占比较小，对它们来说，汽车企业并不是大客户。代工厂希望优先为高利润的智能手机和电脑供应半导体芯片，因此在与汽车制造商进行价格谈判时态度强硬。汽车行业是一个金字塔形的层级结构，汽车制造商处于金字塔顶端，但是在半导体芯片短缺的情况下，汽车制造商和供应商的位置正在发生逆转。

未来，随着燃油车转型为电动汽车，不仅仅是半导体芯片，在电动汽车的主要部件电动汽车电池方面，汽车制造商也可能受到供应商的掣肘。很多国家都在争先恐后地发展半导体芯片产业，扩展本国或本地区内的电动汽车电池供应链。而日本在强化供应链方面却进展缓慢。无论是半导体芯片还是电动汽车电池，日本制造商的市场份额都很小，所以未来日本汽车企业可能不得不依赖其他国家的供应商。这将影响汽车生产的稳定性，商业利润出现波动的风险也在增加。

苹果公司或将进军电动汽车领域，带来横向分工业务模式

从2020年年底开始，就有消息称美国苹果公司将进军电动汽车领域。尽管苹果公司并未透露任何消息，但是从以往的资料来分析，苹果公司大约有5000人正在参与自动驾驶技术的研发工作。有观察报告显示，从2017年开始他们已经进入了电动汽车领域，并且在位于美国加利福尼亚州的苹果公司总部附近的道路上进行了驾驶实验。

韩国现代汽车公司于2021年1月8日发表评论称："苹果公司正在与包括现代汽车在内的多家全球汽车制造商接洽。"尽管随后该公司又撤回了这条评论，但这番言论仍然在媒体中引发了轩然大波。

中国台湾的鸿海精密工业公司也将进军电动汽车领域，它旗下的鸿华先进科技公司于2020年10月宣布将开发电动汽车平台"和谐出行"（mobility in harmony，MIH），同时组建开放联盟来开发该平台。作为全球最大的电子制造服务代工厂，鸿海精密工业公司一直在为苹果公司代工生产苹果手机，外界猜测将来它可能也会为苹果代工生产电动汽车。值得一提的是，"和谐出行"联盟汇集了全球大约1800家汽车相关企业。

苹果公司大量采购高利润的、先进的半导体芯片，是半导体芯片制造商的重要客户。一旦进入汽车行业，它的超强采购能力

可能会对传统汽车制造商构成威胁。

另外，苹果公司进入汽车行业之后，对于汽车业务，可能会采取横向分工的模式，就像今天的苹果手机生产一样。它会自行设计汽车，然后将生产外包给代工厂。这样既可以减轻投资负担，还能提高赢利能力。苹果公司若进入汽车领域，或将降低汽车行业的准入门槛，成为包括信息技术公司在内众多公司进入该领域的催化剂。随着"汽车智能化"的推进，传统汽车企业需要大幅改变其商业模式。

通过本书，笔者想说的话

欧盟率先推出了脱碳政策和碳信用制度，美国等国也加入这场竞争中，全球汽车行业即将迎来新的合作竞争时代。

很多国家正在以史无前例的决心推动脱碳，以应对气候变化。它们的主要目的是创造更多的就业机会，来获得民众的支持，同时帮助国家经济从新冠肺炎疫情的打击中恢复过来。这些国家往往打出一套组合拳，并行推进汽车电动化（脱碳的主要对策）和可再生能源发电（能提供大量就业岗位）工作。

世界汽车市场的电动化趋势正在加速，日本汽车产业在电动化方面已经落后于人，日本政府必须勇敢面对这一不可抗拒的潮流。日本业界认为，在日本的发电能源构成中，可再生能源占比很低，日本并不具备可再生能源的地理优势，所以不应急于发展电动汽车。尽管这一观点是正确的，但是其他国家不会顾及日本的情况。日本如果不能制定规则，那么即使观点正确，也无法在竞争中取胜。欧盟制定了电池法规，成为规则制定者，而这仅仅只是一个开始。包含碳关税在内的碳定价等国际竞争愈发激烈，日本汽车行业如果仍然故步自封，那么自己的市场将被欧盟等逐步蚕食。在"脱碳"名义下的全球就业岗位争夺战中，日本需要有清晰的思路，通过汽车电动化来增加就业岗位，通过汽车电动化来攻城略地，保护自己的就业市场。

零碳不是危机，而是机遇。谈到脱碳，人们往往很介意因为碳定价而导致二氧化碳减排成本增加，但是如果政策制定者能够设计出恰当的激励机制，以环境价值为载体，将减排行为转化为碳信用，这样就可以提高企业收益，增强它们的出口竞争力（见图0-1）。创造环境价值的机会没有国界，其中还有很多尚待发掘的商机。这些机会对于任何企业来说都是一样的，无论该企业位于城市还是乡村，无论规模是大是小，无论老牌还是新秀。日本必须建立碳排放权交易市场和推出碳关税，发掘日本国内得天独厚的环境价值，迅速提高汽车产业的出口竞争力。在环境政策，尤其是碳定价机制的设计方面，日本必须打破行政机构的纵向层级管理方式，通过一系列综合措施来提高日本经济的竞争力。

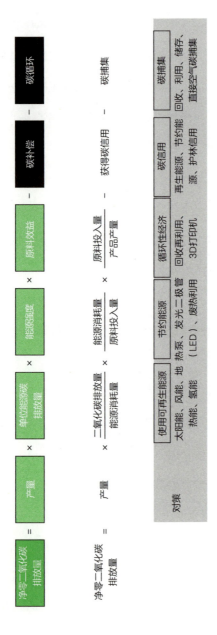

图0-1 实现碳中和的公式①

① 本书中的图表如未特别标注来源，则均为作者创建。——编者注

日本汽车企业需要在思维上作出重大转变，不再把汽车当作物的载体，而要把它当作价值的载体。尤其是随着汽车电动化的发展，汽车行业的准入门槛越来越低，很多采取横向分工模式的新兴企业也加入进来。苹果公司和鸿海精密工业公司在智能手机业务上取得了成功，但它们的业务模式与传统汽车制造商，以及与特斯拉公司都有天壤之别。在半导体芯片的采购能力方面，这些新入场的电动汽车制造商超过了传统汽车制造商，它们对传统汽车企业的威胁甚至大于特斯拉公司。传统汽车企业擅长"制造东西"，但是如果没有半导体芯片，它们也是巧妇难为无米之炊。大型汽车企业能够拿出充足的资金来发展电动汽车和采购半导体芯片，但是中小型汽车企业很难做到这一点。它们或许会考虑同鸿海精密工业公司这种新型代工厂合作，为苹果公司代工生产电动汽车。这样，横向分工模式将逐渐渗透整个汽车行业。

除脱碳之外，新兴汽车企业还在循环经济和道德采购①等可持续发展领域为顾客提供新价值，成长为"创造价值的企业"。随着汽车行业的数字化转型，这些新价值将通过网络联系到一起，逐渐摆脱地域的限制。

要顺利渡过脱碳这一难关，日本汽车行业要摒弃只依靠日本自身的力量完成目标的想法。在脱碳时代，有大量新兴汽车企业

---

① 道德采购是指企业承诺保证采购物品及原料来源正当，并严格遵守最高标准的社会和环境责任。——编者注

进入汽车行业。对这一行业来说，速度和财力比技术更重要。亚洲很多数字科技企业都投身汽车行业中。日本汽车企业应该利用地域优势，与这些数字科技企业合作，寻找破局之法。

本书的内容结构

脱碳政策是决策者制定的规则，是环保法规中的一项重要举措。即使一家公司拥有业界顶尖的规模和技术能力，如果不了解决策者实施环保法规的目的，也很难在这个脱碳时代生存下去。第1章将围绕决策者制定脱碳政策的目的展开说明。

为了敦促企业采取脱碳行动，政府制定了碳定价机制。汽车行业将通过碳定价机制为实现环境目标和经济增长作出最大贡献。毫不夸张地说，在脱碳时代，我们必须既了解电动汽车，又了解碳定价，这将是汽车和移动出行业务生存下来的捷径。第2章将简单介绍碳定价的概念和要点。

要实现碳中和，企业具体要做些什么？在第3章，笔者将利用图0-1给出的公式，并结合最新事例来论述汽车企业应采用的脱碳方法。

在第4章，笔者将依次讲述电动化过程中汽车产业结构的变化，汽车企业以电动汽车为核心提出怎样的价值主张，如何提高商业利润在市场竞争中生存下去。

在最后的第5章，笔者将为脱碳大潮中决定日本汽车产业未来的决策者、汽车业界，以及即将加入电动汽车行业的人们提出建议。在结尾处，笔者还将为日本汽车产业勾勒出远大愿景，以期帮助汽车行业走出困境。

　　本书参考的资料均为2021年8月31日之前的资料。

零碳出行
汽车产业的绿色转型指南

第 1 章

脱碳政策中决策者的目的

推动企业创新的环保法规

脱碳政策是决策者制定的规则，是环保法规中的一项重要举措。即使一家公司拥有业界顶尖的规模和技术能力，如果不了解决策者实施环保法规的目的，也很难在这个脱碳时代生存下去。本章将围绕决策者制定脱碳政策的目的展开说明。

先从结论来讲，脱碳政策的目的是：让相关产业和企业承担全球变暖所产生的社会成本，推动企业开展技术创新，以完成严格的二氧化碳减排目标；与此同时打造新型经济圈，创造更多就业机会。确立二氧化碳何时减排多少的数字目标固然重要，但是，为了实现这些数字目标，促进企业创新，推动社会改革，这才是脱碳政策的目的所在。

废气排放法规通常是技术强制性法规

"决策者向产业界提出的技术创新要求一定是不现实的。"

这也是20年前笔者在伦敦政治经济学院环保政策学课堂上学到的。

环保政策的目的是减少那些单靠企业难以应对的污染问题，

提高资源配置的效率。环保政策有很多，其中之一便是废气排放法规。从历史统计来看，废气排放法规通常基于强制性技术提升的理念，提出技术强制性标准。这种强制性标准远远超出了业界现有技术能力，企业只有通过技术创新才能达到要求。废气排放法规的目的在于推动企业技术革新，解决废气排放问题。

因此，这种排放限制标准极其严苛，甚至是不现实的，即使业界顶尖企业利用当下的顶尖技术也无法满足它的要求，它们必须进行技术升级。产业巨头往往抵制该法规，游说政府放松管制或延期实施，而那些追赶行业巨头的中坚企业、初创企业则抓住机遇，通过技术创新抢占商机。

《马斯基法》

在技术强制性环保政策中，有一项著名的排放法规，这就是美国1970年出台的空气污染治理法修正案。20世纪70年代尼克松总统执政时期，美国空气污染问题愈发严重，以民主党参议员埃德蒙·S.马斯基（Edmund S. Muskie）为代表的小组委员会通过了一项空气污染治理法修正案。当时，60%～80%的空气污染来自汽车尾气，因此该法案实施对象主要是汽车制造商。法案发起人是马斯基，所以该法案又被称作《马斯基法》（*Muskie Act*）。时任总统是共和党人尼克松，而当时加利福尼亚州的污染问题尤为严重，受到舆论的严厉批评。对尼克松来说，《马斯基法》中的部分内容触及了他的政治利益，但考虑到如果拒绝该法案，那么在两年后的1972年总统大选中，尼克松可能会失去舆论支持，因此他在1970年12月31日签署了该法案。

《马斯基法》制定了美国统一的空气质量标准，旨在保护美国国民的健康。这是一项技术强制性法规，它打破常规，不在现有技术基础上制定排放限制标准，而是确立了更高的标准值，汽车企业只有通过技术革新才能达到要求。

《马斯基法》对技术提出了极高的要求，企业必须在1975—1976年将尾气成分减少到1970—1971年的十分之一水平，才能符合该法案提出的限制标准。美国汽车行业"三巨头"——通用汽车公司、福特汽车公司和克莱斯勒汽车公司纷纷游说政府，它们表示这项规定门槛太高，难以实现，所以后来政府要求的达标年限不断延后，标准值也多次放宽。直到1993年，也就是该法案颁布20多年后，美国汽车制造商才达到了该法案规定的限制标准。

在汽车尾气排放方面，该法案要求1975年一氧化碳和碳氢化合物排放比1970年的减少90%，1976年氮氧化物排放比1971年的减少90%。

在美国制定《马斯基法》两年后的1972年7月，日本环境厅咨询机构中央公害对策审议会建议日本政府效仿美国，制定日本自己的"马斯基法"。于是，同年12月，日本政府制定了《1973年汽车尾气排放限制标准》，并于1973年1月起实施。该标准规定，到1975年一氧化碳和碳氢化合物排放比1970年的减少90%，1976年氮氧化物排放比1971年的减少90%。

本田公司和东洋工业公司达标

《马斯基法》颁布后，汽车制造商纷纷实施技术革新，充分利用各自优势，想方设法达到法案制定的技术标准。当时丰田和日产两家汽车公司是日本汽车产业的领军者，两家公司在乘用车市场占有率高达80%。本田公司和东洋工业公司（现马自达公司）当时是日本汽车产业的中型企业，规模和实力远不如丰田汽车公司和日产汽车公司，它们也积极迎接了这场挑战。

在这场技术革新中，本田公司研发的复合涡流控制燃烧（CVCC）发动机于1972年12月在美国环保署（EPA）的研究机构中通过了《马斯基法》测试。本田公司成为第一家通过《马斯基法》规定标准的汽车制造商，并于1973年12月推出了配备复合涡流控制燃烧发动机的新车型——"思域"（CIVIC）。思域不仅在日本大卖，而且冲出日本，成了美国市场的热销车型。在此之前，本田公司在人们的印象中是一家生产两轮摩托车的企业。通过思域这一车型，本田汽车在业内声名鹊起，推动了整个日本汽车产业的全球化进程。复合涡流控制燃烧技术后来被福特汽车公司、克莱斯勒汽车公司和丰田汽车公司引入。

东洋工业公司也利用独有的转子发动机（RE）向《马斯基法》发出了挑战。转子发动机使用了划时代的净化系统，它被安装在马自达R100（日本国内车型为Familia Rotary）的双门轿跑车上，并于1973年2月通过了《马斯基法》中制定的标准。在通过《马斯基法》之前，东洋工业公司于1972年11月发布了日本汽车市场上首台低排放乘用车"Luce AP"，后期这一车型稳步增产。AP是英文"Anti-Pollution"（反污染）的首字母缩写。新型净化系统使用热反应器，这导致汽车的燃油经济性较差。但是因为当时日本也存在着严重的光化学烟雾污染问题，所以比起燃油经济性，消费者更在意汽车是否是低排放、防止公害污染的。

激发挑战精神

本田宗一郎[①]曾经对本田公司大气污染对策研究室（复合涡流控制燃烧发动机研发小组的前身）的工作人员这样说道："本田公司在四轮汽车领域起步较晚，对于我们来说，这是一个与其他企业站在同一技术起跑线上的绝佳机会。"

---

① 本田公司创始人。——编者注

作为一个与日本的丰田汽车公司、日产汽车公司以及美国的通用汽车公司、克莱斯勒汽车公司和福特汽车公司共同竞争的中型汽车企业，本田公司向限制标准发起了挑战，而这一标准无论对哪家企业来说门槛都极高。政策制定者通过技术强制性标准，为有技术的中小型企业和新兴企业提供了商机，为社会创造出更多新的就业岗位。这就是他们制定严格的环境政策的目的。

福特汽车公司决心开始二次创业

如今脱碳趋势正在加速发展，全球主要国家和地区的政策制定者都在敦促汽车行业进行电动化改革。拜登自2021年1月上任以来，在脱碳方面提出了严格的要求。为了达到这些要求，汽车制造商相继宣布了一系列大胆的汽车电动化改革战略。

2021年1月12日，通用汽车公司首席执行官玛丽·博拉（Mary Barra）在国际消费类电子产品展览会（CES）的主题演讲中表示"旗下所有汽车都将由电能驱动"，并宣布，到2025年前，旗下从豪华车到包括轻便客货两用车在内的商用车，所有车型都将推出电动汽车版本。在展览会开始前的1月8日，通用汽车公司更改了汽车标志，这是57年来首次变更汽车标志，意味着该公司要对公司业务进行一场大刀阔斧的改革。

2021年1月28日，通用汽车公司宣布了其管理目标：到2035

年之前，旗下所有乘用车全部取消燃油发动机，到2040年之前，公司在全世界的业务和产品中实现二氧化碳零排放，达到碳中和。博拉表示："我们将与世界各国政府和企业共同努力，打造一个环保的世界。"

2021年1月，欧美大型企业菲亚特–克莱斯勒汽车公司（FCA）与法国标致雪铁龙（PSA）集团合并组建全球第四大汽车企业——斯特兰蒂斯集团。该集团也决定改变业务方向，研发电动汽车。首席执行官唐唯实（Carlos Tavares）在2021年3月3日举行的新闻发布会上表示，集团将专注于电动汽车，不再对燃油车进行投资，混合动力车也会消失。

福特汽车公司也于2021年5月26日宣布，到2030年旗下电动汽车销量将占总销量的40%。该公司首席执行官吉姆·法利（Jim Farley）为公司立下了雄心壮志，制定了发展目标，他说："这是继1908年福特T型车开始规模化量产以来，福特汽车公司在业务增长和价值创造方面迎来的较好发展时机。"这意味着福特汽车公司决心开始二次创业。

"发动机之王"本田公司宣布要废除发动机

在日本，本田公司于2021年4月23日宣布，到2040年之前，旗下所有新车都将改为不使用燃油发动机的电动汽车或者燃料电池汽车。这意味着该公司将放弃日本汽车企业擅长的混合动力车。本田公司的发动机举世闻名，因此该公司的此番表态令业界震惊。事实上，本田公司的废除发动机行动是为了实现日本政府制定的2050年实现碳中和这一严格目标。

对于本田公司来说，废除发动机的意义与其他汽车企业不同。我们可以回顾一下本田公司的创业发展史。本田宗一郎在第二次世界大战之前曾经在汽车维修厂工作，后来创立了生产发动机活塞环的公司，这就是本田公司的前身。第二次世界大战后，他把公司卖掉，在1948年用这部分钱创立了现在的本田公司（本田技研工业公司）。

本田公司从制造两轮摩托车起家，将无线通信机中的小型发动机加以改造，制成引擎，把热水瓶改成油箱，研发摩托车。这是本田公司的业务开端。在本田宗一郎的提议之下，本田公司在活塞和燃烧室上安装阀门，制成置顶气门发动机，并投入生产。这一举措帮助本田公司在两轮摩托车市场上站稳了脚跟。1963年，本田公司进军四轮汽车市场。在这一领域，本田公司起步较晚。它不断追赶丰田汽车公司和日产汽车公司，并通过了《马斯基法》提出的标准，跻身成为全球性汽车企业。多年来，本田公司致力于发动机的研发，并于2015年进军小型喷气式飞机领域。本田公司的历史就是发动机发展的历史。

因此，废除发动机对本田公司来说意味着第二次创业。作出这一决断的三部敏宏社长在宣布废除汽车发动机时说："本田公司自创立以来就树立了远大志向和目标，并不断迎接挑战。正是因为有了极具挑战性的目标，所以奋发进取、具备挑战精神的人才汇聚一堂，共同面对挑战。我也是他们中的一员，曾经从事过环境技术研发工作。尽管这次我们还有很多工作要做，但是我认为必须先设定一个远大的目标，这样才能为全体员工指明挑战的方向，因此我将提出一个明确的长期目标。"

设立远大的目标，以挑战精神去解决难题，这与本田公司在全球首次通过《马斯基法》要求时的进取精神是一脉相承的。与50年前不同的是，这次的脱碳行动可以说是背水一战，这也从侧面说明了身处脱碳大潮中的汽车行业必须进行一场大刀阔斧的改革。

电动汽车电池的生命周期评估要求与循环经济的构建

为了尽快达成脱碳目标，汽车行业正在加速向电动汽车转型。作为电动汽车的核心零部件，电动汽车电池的投资竞争愈演愈烈。政策制定者通过推出强制性标准，为业界制定了新的规则，支持那些能提供更多就业岗位的企业。为了满足政策制定者提出的要求，汽车制造商和电动汽车电池制造商纷纷开始展开生命周期评估认证，通过各种形式努力达到循环经济新规则的要求，加速追求新的业务模式。下文将介绍欧洲的相关案例。

瑞典诞生超级电池工厂

在欧盟电池法规和发展循环经济的背景下，2016年在瑞典诞生了一家名为"诺斯伏特"的创新型初创企业（见图1-1），主要从事电动汽车锂电池的研发和制造工作。这家公司的创始人是特斯拉公司前首席流程官（CPO）兼供应链负责人彼得·卡尔森（Peter Carlson）。

图1-1 诺斯伏特公司建设中的工厂

资料来源：诺斯伏特公司。

诺斯伏特公司在瑞典北部的谢莱夫特奥市（Skellefteå）建造了一座巨型工厂，于2021年10月之后开始批量生产电池。这座工厂可为当地提供3000个工作岗位。诺斯伏特公司从全球得到了大量融资。迄今为止，它已经与欧盟政策性金融机构、同时也是全球最大的国际金融机构之一欧洲投资银行（EIB）签署了两项贷款协议。另外，该公司还接受了来自高盛公司、大众汽车（VW）公司、宝马汽车公司的注资，融资总额高达65亿美元（包括债务）。2021年3月15日，大众汽车公司宣布2030年之前要在欧洲新建6家电池工厂，同时表示要对诺斯伏特公司追加投资，扩大合资工厂的规模，并且未来将向该公司订购价值140亿美元的电池。

谢莱夫特奥工厂的初期生产能力计划为60吉瓦时[①]，到2030年将达到150吉瓦时。这相当于300万台标准电动汽车的电池电量，相当于欧洲25%的市场份额。

欧盟《关于电池和废电池的法规提案》要求的循环经济构建能力

在详细介绍诺斯伏特公司的业务之前，我们先来看一下欧盟

---

① 能量量度单位，1吉瓦时等于1兆千瓦时。——编者注

《关于电池和废电池的法规提案》中的新要求（见表1-1）。其中引人关注的一项是"自2024年7月1日起，强制申报碳足迹"。

电动汽车电池厂家不仅要在履行碳足迹申报义务方面表现出色，未来随着碳定价和碳关税的出台，能将碳足迹减少到何种程度将是它们从电动汽车制造商那里获得订单的决定性因素。

该法规在限制条件方面的主要内容是到2025年之前废旧电池的回收率达到65%，2030年之前达到70%。另外，从2025年开始，电池材料的回收率也将稳步提高，锂电池当中钴的回收率达到90%，锂达到35%，而从2030年开始这两项数值分别提升到95%和70%。

表1-1　欧盟《关于电池和废电池的法规提案》中的13项新要求

1. 关于电池的分类和定义
法规适用于所有种类电池，包括便携式电池、汽车电池、电动汽车电池和工业电池
2. 电动汽车电池和工业电池的二次利用
建立重复利用的框架，简化废旧电动汽车电池的固定式储能规范说明
3. 废旧便携式电池分开收集的回收率
现在为45%，2025年达到65%，2030年达到70%
4. 汽车电池和工业电池的回收率
企业有回收义务，回收率将在未来确定

续表

5. 规定了锂电池回收率

电池回收率（2025年达到65%，2030年达到70%）

电池材料回收率：钴（2030年90%，2035年95%）；锂（2030年35%，2035年70%）；镍、铜（2030年90%，2035年95%）

6. 强制报告电动汽车电池和工业电池的碳足迹（二氧化碳排放量）

自2024年7月1日起，强制申报碳足迹

自2026年1月1日起，要标出单位能源碳排放量（CO_2排放强度）性能等级分类

自2027年7月1日起，强制提交碳足迹小于最大允许量的技术文件

7. 可充电汽车电池和工业电池的性能和可持续性方面

要建立一个电池管理系统，用来存储电池的可持续性信息、状态和预期寿命数据等

8. 分阶段限制非充电便携式电池

分阶段废弃常用的非充电便携式电池

9. 随附的文档中要包含关于可再生材料（再利用）含量要求

从2027年1月1日起，需要申报电动汽车电池和工业电池中可回收的钴、铅、锂和镍含量

从2030年1月1日起，电池中可再生原材料的最低含量分别为钴12%、铅85%、锂4%、镍4%

从2035年1月1日起，最低含量提高为钴20%、锂10%、镍12%

10. 关于电池生产者的延伸责任、生产者责任组织及附加措施

要确立生产者责任延伸制度（EPR），建立生产者责任组织（PRO）

11. 便携式电池的设计要求

便携式电池应方便用户拆卸和更换

续表

12. 信息要求
应在电池上附有标签，内容包括电池基本信息和主要特性 建立通用的电子交换系统（电池数据库），登记并公开欧盟所有电池型号信息 电池信息链接到"数字电池护照"，实现大型电池的可追溯管理
13. 关于电池采购供应链尽职调查的要求
提供符合要求的第三方核查报告

通过可再生能源和高回收率，实现产品全生命周期脱碳

诺斯伏特公司的使命是"制造世界上碳足迹少、环保的电池，积极发展电池的循环再利用，帮助欧洲实现从石油到可再生能源的转型"。在这一使命的指导下，诺斯伏特公司采取了旨在建立循环经济的商业战略，这同时也是欧盟未来的目标。

"制造环保电池"意味着诺斯伏特公司要使用100%可再生材料制造电池，并且到2030年之前，电池制造过程中的碳足迹要比火力发电的减少80%。瑞典的能源自给率大约为75%，可以提供稳定的能源供应。该国发电能源构成中，核电占38%，水电占40%，风电占12%，其他可再生能源发电站7%，化石能源发电仅占2%。在制造锂电池时需要使用大量电力，如果它是在由化石燃

料驱动的工厂中生产的，那么在制造过程中将排放出大量二氧化碳。而瑞典拥有丰富的可再生能源，这保证了诺斯伏特公司能将锂电池制造过程产生的二氧化碳限制在较低水平。

在循环经济方面，诺斯伏特公司提出了要在2030年之前使单体电池和电池材料的回收率分别达到97%和50%的目标。与欧盟电池法规的要求相比，钴的回收率仍有提升空间，但是全球范围内只有诺斯伏特公司设定了电池与电池材料回收率的目标值，从这一点也能看出该公司对实现循环经济充满了信心。

通常来说，电动汽车（包括零部件）在制造过程中的二氧化碳排放量要高于燃油车的（见图1-2）。原因在于生产电动汽车电池时需要耗费大量电力。如果人们能够利用无碳可再生能源生

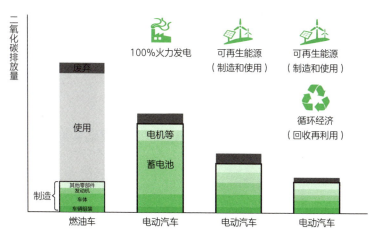

图1-2　全生命周期削减碳足迹示意图

产出这些电力，而且在其他汽车部件和车辆组装过程中都利用可再生能源，在此基础上构建起循环经济，做到零部件的循环再利用，这样就可以在电动汽车的全生命周期中实现脱碳。

诺斯伏特公司致力于从生命周期评估的角度实现脱碳，为电动汽车制造商提供环境价值。

欧洲的"国企"

诺斯伏特公司是欧洲电池联盟的成员。欧洲电池联盟成立于2017年，诺斯伏特公司也于同年提出了前文所述的企业使命，它按照欧盟《关于电池和废电池的法规提案》发展业务，接受了欧洲投资银行的贷款，可以说这是一家欧洲的"国企"。

电动汽车电池的生命周期评估应对能力将成为电池制造商提供的新附加价值，这一切都源于欧盟的强制性政策。他们为了打造以电动汽车电池为中心的新经济圈，创造更多就业机会，而创建了新的技术强制性电池法规。

宁德时代公司强化产品的生命周期评估应对能力

如今电动汽车电池的主流是锂电池，而锂电池市场的份额则被中韩企业占据（见图1-3）。单看大型企业，中国和韩国电池制造商的全球份额就已经超过了70%。排名前三的企业中，乐金

图1-3　电动汽车锂电池的全球市场份额（容量份额）

资料来源：SNE调查（SNE Research）。

新能源公司和三星电池制造公司（SDI）两家企业分别已经将业务扩展到了波兰和匈牙利，而宁德时代公司于2021年首度进军欧洲市场，它将在德国图林根州（Thüringen）兴建新工厂。

　为了创造更多就业岗位，欧盟争相扩大区域内电动汽车电池的产能。它们不仅全力支持像诺斯伏特公司这样的新兴电池制造商的发展，还积极吸引其他国家企业到欧洲投资办厂。而这些其他国家企业为了更好地应对欧盟电池法规，也在稳步拓展欧洲业务。

　2018年7月，宁德时代公司与德国图林根州政府就在该州埃尔福特市（Erfurt）建立锂电池生产基地和研发中心达成一致。与此同时，宝马汽车公司与宁德时代公司签署了价值40亿欧元的电池采购合同，并于2019年11月将采购金额提高到73亿欧元，以确保电池的长期稳定供应。

2020年8月宁德时代公司宣布强化与梅赛德斯-奔驰公司的战略联盟，并同意在德国进行电动汽车电池的碳中和生产。这是一笔大生意，具体来说，从2021年梅赛德斯-奔驰公司发布的豪华三厢电动汽车"EQS"开始，梅赛德斯-奔驰公司将在电动汽车中使用宁德时代公司德国工厂生产的电池模块。

之所以两家企业能够谈成此次新业务，是因为宁德时代公司的新工厂在生产电池时利用了可再生能源，追求碳中和，获得业界广泛好评。此外，宁德时代公司和梅赛德斯-奔驰公司还启动了利用区块链的合作项目，未来将使电池供应链高度透明，具备可追溯性，以此方式加强废旧电池的回收再利用，进一步推动脱碳，并且大幅度降低对钴等冲突矿产的依赖。

如前文所述，欧盟政策制定者的目的是推动技术创新。在德国的新工厂是宁德时代公司首次在其他国家投资建厂，它通过技术创新，不断为这家新工厂赢得大量新订单。除此之外，宁德时代公司还为丰田汽车公司和本田公司提供电动汽车电池，可以预见，未来宁德时代公司的业务伙伴将涵盖包括斯特兰蒂斯集团在内的欧洲大型汽车制造商。"产品搭载宁德时代电池"（CATL Inside）将继续蓬勃发展。

可再生能源是电动汽车产业的制胜法宝

利用可再生能源是在电动汽车生命周期内实现碳中和的关键。对于汽车制造商来说，理想的状态是自己既制造电动汽车电池，又利用可再生能源制造电动汽车。特斯拉公司正在一些工厂中这样做，大众汽车公司也开始采取行动。

大众汽车公司于2021年3月15日宣布，到2030年之前将在欧洲建立6家电动汽车电池工厂。它在2019年已经宣布计划要自主生产部分电池，并且已经在德国和瑞典建设了总产能约40吉瓦时的电池工厂。再加上其他几家电池工厂，大众汽车公司的电池产能将增加到240吉瓦时，是德国、瑞典两家工厂的6倍。此外，大众汽车公司还将与诺斯伏特公司展开合作，届时生产的电池能满足自己企业的大部分需求。

2021年4月29日，大众汽车公司宣布参与太阳能、风能等可再生能源发电业务。到2050年将向欧洲的电力公司投资4000万欧元，用于建设太阳能和风能发电站。尽管大众汽车公司已经为用户提供了利用可再生能源发电的充电服务，但是并非所有公共充电站都使用可再生能源电力，因此未来它也致力于在充电方面实现脱碳。

今后，大众汽车公司除打造电动汽车、投资可再生能源之外，还致力于汽车工厂和供应链的脱碳。

电动汽车与汽车产业的数字化转型

在前文中，我们讨论了电动汽车电池的生命周期评估认证，以及产品的制造生命周期中利用可再生能源的问题，了解了汽车制造商和电动汽车电池制造商如何竞相开发新技术以应对政策制定者出台的新规则。在本节内容中，我们将探究政策制定者怎样利用电动汽车打造新的经济圈，这是一个怎样的经济圈，决策者如何利用电动汽车创造更多就业岗位等问题。

能源和二氧化碳的数字孪生

能源和二氧化碳肉眼不可见。在脱碳时代的移动出行中，我们可以制作出它们的数字孪生，这样就可以在网络空间中看到它们。数字孪生带来价值联网（internet of values，IoV）。我们将越来越多地在智能电网的虚拟电厂（virtual power plant，VPP）中构建这种价值联网。虚拟电厂是一种能源的自产自销机制，人们利用它统筹管理可再生能源的发电、蓄电以及电动汽车和住宅设施等，它像发电厂那样控制当地的发电、蓄电和电能需求。

虚拟电厂中的电动汽车部分是智能电网的节点（末端），电动汽车电池通过住宅或城市中的充电器储存能量。它的剩余电量可以通过"汽车到住宅"（Vehicle-to-Home，V2H）或者"汽车到基础设施"（Vehicle-to-Infrastructure，V2I）等"汽车到电网"（Vehicle-to-Grid，V2G）方式为住宅或电网供电。这一点在技术上是可行的。

人们利用区块链可以在电动汽车电池和住宅、电网之间，通过"一台终端到另一台终端"（Machine-to-Machine，M2M）或对等网络（Peer-to-Peer，P2P）的方式进行能源及其数据的交易。这样就可以打造出一个新的经济圈，它建立在电动汽车与电网之间的智能合约（自执行合约）和智能支付的基础之上。移动开放区块链倡议联盟第一个为其创建了标准，并将这一经济圈的建构称为"电动汽车和电网的一体化整合"。

电动汽车通过联网电池提出新的价值主张

电动汽车电池是连接虚拟网络空间和现实空间的纽带，它将这两个空间中的、以电动汽车为核心的生态系统联系到一起（见图1-4）。如前文所述，在网络空间中，电动汽车电池成为虚拟电厂的节点，打造出价值联网。而在现实世界中，电动汽车电池是一个真实存在的具体事物，它与住宅、电网设备相连，形成物联网。电动汽车电池与各种系统连接到一起，成为"联网电池"。

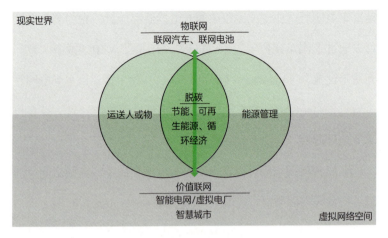

图1-4　电动汽车电池提出脱碳这一新的价值主张

在电动汽车电池的帮助下，人们找到了一个建立在数据基础上的解决方案，成功将网络空间和现实世界联系起来。电动汽车给用户带来的体验不仅仅是运送人或物，还包括有效利用生活中电能的能源管理体验。在这两种用户体验的交叉点上我们发现了脱碳的契机，我们可以通过节能、利用可再生能源、构建循环经济来实现它。换句话说，拥有联网电池的电动汽车除了运输和能源管理之外，还将为我们带来脱碳这一新的价值主张。

价值联网与汽车产业的数字化转型

之所以政策制定者要求汽车产业废除发动机，转而推广电动汽车，是因为他们试图通过这种方式来生产更多的电动汽车电池、充电器、可再生能源发电机和蓄电池。未来，人们需要维护保养这些电池和充电器，这一切将创造出大量就业岗位。人们将肉眼不可见的能源和二氧化碳转化成各种数据，使之变得更加可视化，通过电动汽车电池创造并进一步扩大它们的价值。人们利用虚拟网络空间中的价值联网，提高电动汽车社会中的运输效率和能源利用效率，进而达到脱碳目标，最大程度提高用户体验。

一句话，政策制定者推广电动汽车的目的在于推动汽车产业的数字化转型。

"美国就业计划"的支柱——汽车电动化政策

"以往很长时间，我们谈到应对气候危机时，始终没有提到一个重要的论点——就业。……国际电气工人兄弟会（IBEW）的工程师和建筑工人将在高速公路上安装50万个充电桩。这样我们就拥有了电动汽车市场。……在电动汽车和电池生产方面，美国人没有理由不站在世界前列。"

这段话来自拜登总统在2021年4月28日的国会发言。2021年3月31日，拜登在美国宾夕法尼亚州匹兹堡公布了"美国就业计划"（American Jobs Plan）。该计划通过上调公司税率筹措约20000亿美元，用于基础建设和基础研究。气候变化的应对措施成为该计划的一大特色。在交通基础设施的6210亿美元投资中，

1740亿美元用于推广普及电动汽车。具体来说，该计划对购买美国产电动汽车的消费者给予税收优惠，为州政府和私营公司提供补贴，帮助他们在2030年之前安装50万个充电桩。另外，美国政府还将拨款1000亿美元来发展电网，促进可再生能源的普及。

拜登政府推出这一计划，不仅是为了提高电动汽车和电动汽车电池的国内生产能力，还是为了加快充电桩和清洁能源的建设实施步伐，同步推动汽车电动化和绿色发电事业，创造新的就业岗位。

通用汽车公司和福特汽车公司宣布与韩国电池制造商的大型投资计划

自拜登上任以来，美国对电动汽车电池的投资变得非常活跃。在本国没有世界级电动汽车电池制造商的背景下，美国积极与韩国电池制造商合作，邀请他们与美国汽车企业共同开发电动汽车电池。

在"美国就业计划"公布的3周后，即2021年4月16日，通用汽车公司宣布投资23亿美元，与乐金新能源公司合作，在美国田纳西州建造第二家电动汽车电池工厂，从2023年开始生产电动汽车锂电池。该厂生产能力为30吉瓦时，可满足60万台标准电动汽车的电池需求，计划提供1300个就业岗位。两家公司在俄亥俄州合作的同等规模的第一家工厂正在建设中。

在通用汽车公司宣布建设电动汽车电池新工厂的一个月后，2021年5月20日，福特汽车公司宣布与韩国SK创新（SK innovation）公司合作建立电动汽车电池工厂。工厂选址尚未确定，能确定的是该工厂将于2025年前后投产，生产能力为60吉瓦时，能够满足美国国内60万台电动轻便客货两用车的电池需求。福特汽车公司宣布到2025年将投资220亿美元用于电动汽车的研发和生产。SK创新公司方面，除与福特汽车公司合作办厂之外，该公司还在美国佐治亚州独自开设了两家电池工厂，第一家工厂于2021年下半年投产，第二家工厂计划于2023年投产。两家工厂年总产能为22吉瓦时，其中10吉瓦时将供给福特汽车公司，余下的将提供给大众汽车公司，后者在电动汽车项目上与福特汽车公司有合作关系。

2021年5月18日，即福特汽车公司与SK创新公司宣布成立合资公司的2天前，美国总统拜登参观了福特汽车公司位于密歇根州迪尔伯恩市的胭脂河（Rouge）工厂。当时在胭脂河工厂生产的是福特汽车公司大受欢迎的车型F-150轻便客货两用车。这家大型工厂设立于1918年，厂内甚至设有炼钢用的高炉，体现出创始人亨利·福特的纵向一体化生产的梦想，具有重大历史意义。F-150轻便客货两用车是美国市场的畅销车型，2020年美国国内销量达到90万台，仅这一款车型的销售额就超过了麦当劳、耐克、可口可乐、奈飞等公司的年销售额。

在这家美国汽车代表性工厂中，福特汽车公司发布了这款畅销车型的电动版本——F-150闪电（F-150 Lightning）。

电动汽车跨国游说组织诞生

美国正在加紧打造以电动汽车电池为核心的电动汽车经济圈，借此创造更多就业岗位。不仅仅是美国汽车企业，包括其他国家的电池制造商和新兴电动汽车制造商、日本国内的新兴电动汽车制造商在内，整个业界都在努力追赶这波电动化的浪潮。

在拜登上任之前，美国总统选举在如火如荼地进行中。2020年11月17日，特斯拉公司、路西德汽车（Lucid Motors）公司、亚马逊公司投资的新兴电动汽车制造商里维安汽车（Rivian Automotive）公司，以及共享汽车优步（Uber）公司等28家企业成立了一个游说组织"零排放交通协会"（Zero Emission Transportation Association，ZETA）。该组织要求美国政府想办法保证到2030年市场上所有新车都必须是电动汽车。该组织还要求美国政府在2030年之前出台政策，支持民众购买电动汽车，并且收紧尾气排放法规，进一步增加对充电设施的投资。

耐人寻味的是，该组织的成员中包括了很多其他国家企业，例如英国新兴电动汽车制造商、德国西门子（Siemens）公司、瑞士ABB公司、日本松下公司等。另外，除电动汽车制造商和电动汽车电池制造商之外，电网相关的大型企业也都参与其中，例如美国知名的电动汽车快速充电网络运营商、电力供应商等。

全球各领域企业云集，致力于打造以电动汽车电池为核心的电动汽车新生态，不断推动美国的电动汽车产业向前发展。

电动汽车政策是欧盟数字化战略的一部分

欧盟也加紧推动汽车产业的脱碳进程。欧盟委员会在2021年7月14日公布了一项法规草案，该草案禁止2035年以后在欧盟境内销售配备发动机的新车，包括混合动力汽车。欧盟推行电动汽车的目的也是创造更多就业岗位。2020年9月欧盟委员会主席乌尔苏拉·冯德莱恩（Ursula von der Leyen）在上任后的首次国情咨文中表示，到2050年实现气候中和的努力将创造数百万个新的就业机会。

欧盟电动汽车政策的特点是，它是欧盟数字化战略的一部分。欧盟制定了一个名为"欧洲地平线"（Horizon Europe）的大手笔科研资助框架，7年间（2021—2027年）计划投入资金约950亿欧元，主要用于欧盟内部的基础研究和创新。这一框架包含了旨在协助欧盟进行新冠肺炎疫情后重建复苏的"下一代欧盟"（Next Generation EU）基金项目。该项目的目标之一是打造欧洲数据云网络，追赶美国和中国。围绕着由德国政府倡议并得到欧盟支持的云计划"GAIA-X"，欧盟正在进行下一代交通基础设施的研发和面向市场的概念验证工作。

移动开放区块链倡议联盟利用区块链技术打造新项目

移动开放区块链倡议联盟在与欧盟委员会（移动开放区块链倡议联盟成员之一）等政策制定者交换意见之后，于2021年7月启动了一项名为"驱动驾驶"（DRIVES）的项目。该项目基于移动开放区块链倡议联盟创建的区块链标准，利用数据共享平台（欧盟委员会也参与其中），为客户设计移动出行服务，并提供开发环境，进行联合概念验证。

该项目旨在利用区块链管理人、车以及电动汽车电池的数字孪生，以实现智能电网（包括以电动汽车为核心的可再生能源利用）的高效运行，打造智慧城市。

丹麦和爱沙尼亚已经开始利用数字识别（ID）和区块链技术，在网络空间创建人的数字孪生，以此提高行政管理的服务效率。移动开放区块链倡议联盟在全球首次为车辆识别（VID）和供应链（零部件可追溯性）创建标准，在此基础上将汽车、电动汽车电池的数字识别与个人数字识别绑定到一起，以便能够在网络空间中管理人与电动汽车的数字孪生。

我们可以通过智能手机中的去中心化应用程序（DApps）来管理这些数字孪生，使它们与地图应用程序共同为我们服务。当电动汽车电池中的剩余电量不多时，可以利用这些应用程序搜索附近的可再生能源充电桩，在充电时执行智能合约，进行智能支付（见图1-5）。在未来，结合"车辆到万物"（Vehicle to Everything，V2X）技术，我们能够在夜间利用电动汽车与电网之间的数据传输（"一台终端到另一台终端"），进行对等网络电力交易。

图1-5 "驱动驾驶"中使用的去中心化应用程序

资料来源：移动开放区块链倡议联盟。

构建电动汽车电池的循环经济，发行"电池护照"

驱动驾驶项目还有很多其他应用，其中之一是打造并利用电动汽车电池的数字孪生。这或将带来两大好处。第一个好处是，帮助创建电动汽车电池的循环经济。前文欧盟电池法规新草案（见表1-1）中提出了"电池护照"（Battery Passport）的要求。对电动汽车电池数字识别进行管理可以满足这一要求。电池识别（Battery ID）将用来创建电池的数字孪生。这一思路类似于发行新冠肺炎疫苗接种的数字证书，我们通过电池管理系统（battery monitoring system，BMS）收集并管理各种数据。这些数据主要是电动汽车电池的健康状态数据，包括充电状态（state of charge，SOC）、健康状态（state of health，SOH）等。区块链技术保证了电池健康诊断数据的可靠性和透明度，利用这些数据我们能够提高废旧电动汽车电池的价值评估精度。换句话说，这种方式能够准确反映废旧电池的健康状态，帮助人们制定与汽车质量相称的转售价格。转售价格普遍高于现有系统给出的定价，便于电池回收商在二级市场中销售这些电池，助力打造电动汽车电池的循环经济。

第二个好处是，我们能够以数据的形式，用去中心化的方式管理那些存储在电动汽车电池中的无碳可再生能源和碳信用（即为削减相关碳足迹所做的努力）。利用可再生能源和节能减排行为获得的碳信用将能够在电动汽车电池与电网节点之间进行对等网络交易。碳信用是脱碳行为的证明，我们将在碳信用中加入代币奖励机制，即所谓的代币化碳信用（tokenized carbon credit，TCC）。通过将代币化碳信用返还给电动汽车用户，作为他提供数据的报酬，可以鼓励普通消费者采取脱碳行动。这样一来，脱碳的行动主体便从企业扩展到普通消费者。其结果是，包括当地居民在内的全社会都加入脱碳大军中，共同创造并去中心化地享有由此带来的财富。

利用以电动汽车电池为媒介的能源和碳足迹数据，通过区块链进行财富的去中心化管理，以此打造以电动汽车为核心的新经济圈，创造更多就业机会。这就是政策制定者（例如欧盟委员会）和移动开放区块链倡议联盟开发相关应用程序的初衷。

开发新的通行费收费系统，推动行车税的落地

欧盟委员会对移动开放区块链倡议联盟创建的车辆识别标准非常感兴趣，并于2021年3月加入移动开放区块链倡议联盟。欧盟委员会试图利用移动开放区块链倡议联盟创建的供应链标准，打造电动汽车电池的可追溯机制，进而为电动汽车电池制作电子护照。此外，欧盟委员会还在尝试开发一种新的、建立在车辆识

别基础上的通行费收费系统。

包括欧盟委员会在内，所有的政策制定者都在想方设法阻止交通基础设施财务状况的恶化。近年来，投资到道路基础设施上的、用于减少交通事故和交通拥堵的资金越来越少。原因之一是随着市场上的电动汽车越来越多，政府征收的燃油税越来越少，以至于没有足够的资金用于基础设施投资。因此，社会中不少人呼吁下调汽车的社会性费用，按照行驶里程收费。在其他国家，利用区块链等数字技术，促进行车税①落地的呼声越来越高。

利用移动开放区块链倡议联盟开发的去中心化应用程序，我们能够记录和管理"受信任的旅程"（Trusted Trip）。此处的"旅程"（Trip）指的是人、智能手机、电动汽车电池等移动体从一个地点移动到另一个地点。对于消费者、数据提供者和基础设施所有者来说，"旅程"是信息的基本单位，由它组成的信息群能够为"出行即服务"（Mobility as a Service，MaaS）带来收益。要使"旅程"成功对接按量付费的收费系统，数据交易必须获得各方信任。移动开放区块链倡议联盟将"受信任的旅程"定义为其属性得到了分布式共享网络中的授权实体或设备认证的"旅程"。"受信任的旅程"将人、业务、车辆、电池的身份

---

① 按照汽车行驶里程征收的一种税。——译者注

（唯一性）和位置（时空中的绝对位置）结合起来，帮助我们创建各种应用程序，提高智慧出行的可持续性。

简单来说，利用移动开放区块链倡议联盟的去中心化应用，我们就能打造出一套按照行驶里程征收通行费的收费机制。这将帮助行车税政策的落地。欧盟委员会等政策制定者加入移动开放区块链倡议联盟，理由之一就是他们想借助移动开放区块链倡议联盟的力量推动行车税政策的落地。

打造智慧城市——实现脱碳与可持续发展目标

利用区块链技术打造智慧城市正在成为全球趋势。欧洲如此，新加坡和中国等同样如此。各国已经开始在做这方面的努力。

在网络世界中创建人、汽车、基础设施、货币、能源和二氧化碳的数字孪生，它们的集合体就是智慧城市。在城市化的发展过程中，许多城市都出现了各种问题。城市化意味着人口从农村向城市集中，随之而来的是交通拥堵、大气污染等问题。国家和地方政府如果能够充分利用这些数字孪生，就可以解决众多城市难题，使我们的城市更加智能。

丹麦和爱沙尼亚政府为国民创建了个人数字识别，这就是人的数字孪生。韩国政府利用区块链技术将居民身份证号与数字驾照绑定，并通过应用程序进行管理。这样，当买酒需要进行年龄验证，或者办理各种行政手续需要身份证明时，人们就无须提供纸质版驾照或身份证了。

移动开放区块链倡议联盟创建了汽车数字识别标准。我们将个人数字识别与它绑定之后，就能够在"出行即服务"中顺利通过身份验证，支付车费也将变得更方便。

现在中国已经推出了数字人民币，未来，世界上还会出现越来越多的货币数字孪生。

除此之外，人们还会为电动汽车电池和电网节点之间交易的能源和碳足迹创建数字孪生，并且将这种可追溯的数字孪生放到网络空间中。

将这些数字孪生集合起来，便可以为整座城市打造数字孪生。城市中的各种数字孪生通过智能合约自执行数字交易，从而更有效地削减碳足迹，提高社会的包容性。为了实现脱碳和可持续发展目标，越来越多的政府正在尝试利用数字孪生，打造智慧城市，使城市变得更加智能。

零碳出行
汽车产业的绿色转型指南

第 **2** 章

将碳定价和脱碳转化为货币的炼金术

随着全球脱碳潮流的加速发展，我们越来越频繁地在新闻媒体中听到"碳定价"一词。尤其2021年1月美国拜登总统上任之后，一些国家提出了到2050年实现温室气体接近零排放（净零排放）的目标。日本国内引进碳定价机制的呼声很高，媒体对此方面的报道也越来越多。时任日本首相菅义伟于2021年1月18日发表了施政演说，他表示"未来将致力于引入碳定价机制，推动日本经济增长"，2021年2月日本经济产业省和环境省讨论了碳定价的具体引进方案。

如何能够同时兼顾碳定价机制下的环境保护和经济发展，做到既保证环境政策的执行，又能够推动经济的增长呢？笔者认为汽车产业在其中将起到关键作用。理由是运输行业的二氧化碳排放量占到了日本二氧化碳总排放量的20%，如果再加上车辆组装、零部件制造过程中的二氧化碳排放量，这一数字还将上升。因此，要实现碳中和，最应该脱碳的就是汽车行业。不仅日本，世界很多国家和地区都是同样情况。

毫不夸张地说，在脱碳时代，既要了解电动汽车，还要了解碳定价，这是汽车和出行经济生存下去的捷径。

本章内容将围绕碳定价进行说明。

外部不经济内部化和针对脱碳的激励措施

顾名思义，碳定价就是为碳制定价格。人们为什么要为碳制定价格？这样做有两个目的。

第一个目的是外部性的内部化。人类活动排放过多的二氧化碳引起全球变暖，这带来了诸多外部不经济问题，例如冰川融化导致的海平面上升、土地不断沙漠化和异常气候等。外部性指的是经济主体的生产或消费行为对其他经济主体带来影响，而施加影响的一方却没有为此付出相应的成本或代价。全球变暖为第三方带来了负面影响，我们称其为负外部性，或外部不经济。碳定价机制为碳排放制定"价格"，使碳排放的成本可视化。企业和消费者能够看到二氧化碳的"价格"，主动采取减排行为，通过这种形式使外部不经济内部化，从而改善环境。环境污染者要承担治理环境所需的社会成本，这就是污染者付费原则（polluter pays principle，PPP）。

第二个目的是奖励脱碳行为。引进碳定价机制后，排碳企业为了减少财务负担，会想办法减少二氧化碳的排放，或者采取措施吸收二氧化碳。具体措施包括研发节能技术、购买节能设备、保护森林、打造循环经济、对产品进行循环利用、开发利用可再生能源等。我们实施碳定价政策，正是为了促进这些产业和企业的发展。

"双红利"实现二氧化碳减排与经济增长的双赢

政府推动的碳定价是通过为二氧化碳制定价格，利用市场机制促进有效减排的政策。政府不仅可以利用这一政策有效减少二氧化碳的排放，还能充分利用相关收入推动经济增长。

它堪称是一种"双红利"，通过对二氧化碳排放征税来改善环境（第一重红利），将这部分税收补贴给为脱碳作出贡献的人或企业，下调他们的税率，促进经济增长（第二重红利）。

碳定价会减少社会上对化石燃料的使用，这会在某种程度上限制企业的经济活动。但是政府可以将碳税收入补贴给那些致力于脱碳的企业，冲抵它们在脱碳方面的成本投资，使碳定价机制成为促进经济发展的动力。现在，越来越多的碳税收入被用来补贴企业的脱碳成本。

在欧洲，很多人担心碳定价的推广，特别是碳税（后文将详述）的出台会增加消费者的生活成本，给其带来经济损失。他们举出2018年因法国政府加征燃油税而引发"黄背心运动"（le mouvement des Gilets jaunes）的例子，指出碳定价可能会遭到消费者的强烈反对。伦敦证券交易所在研究中指出，政策制定者可以通过逐步引入碳税，或者重新分配碳税收入，以减轻低收入者负担和社会保障负担。

碳定价的分类

碳定价有多种类型（见图2-1）。碳定价大致可分为政府和国际组织的碳定价，以及民间企业的碳定价。前者又分为"显性碳定价"和"隐性碳定价"。"显性碳定价"指的是依据企业二氧化碳排放量来明码标价；"隐性碳定价"是指企业根据能源消耗量缴纳税金，或承担节能减排的成本。

近年来，全球都在热议全面引进显性碳定价政策，其中包括碳税（carbon tax，CT）、碳排放权交易机制（emission trading scheme，ETS）、碳关税（carbon border tax，CBT）等。在欧洲，碳关税又被称为碳边界调整机制（carbon border adjustment

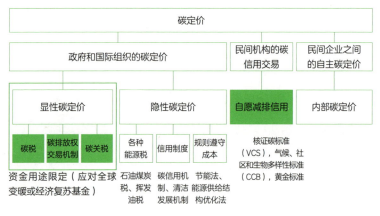

图2-1　碳定价的类型

mechanism，CBAM）。这些碳定价收入的用途都是固定的，政府用这部分收入为应对全球变暖作出贡献的企业减税。在欧洲，这部分收入还将用于新冠肺炎疫情后的经济复苏。

在日本，隐性碳定价机制除石油煤炭税和挥发油税等能源税之外，还包括了《节能法》（合理使用能源的相关法律）和《能源供给结构优化法》。这些法律的目的是促使企业更高效地利用化石能源。要做到这一点，企业需要付出一定的技术成本。除此之外，隐性碳定价还包括了信用机制，例如日本国内认可的碳信用机制（企业根据二氧化碳减排量或吸收量获得排放权）和联合国通过的清洁发展机制（clean development mechanism，CDM）。

还有民间组织的信用交易，它们被称为自愿碳减排（voluntary emission reduction，VER）。自愿碳减排机制是由非政府组织等第三方机构管理、在民间主导机制下的新型碳信用机制。随着越来越多的企业自愿减排，今后这种信用机制的应用将更加广泛。自愿碳减排机制需要依靠第三方的标准认证，包括：核证碳标准（verified carbon standard，VCS），气候、社区和生物多样性标准（climate，community and biodiversity standard，CCB）和黄金标准（gold standard）等。

最后是内部碳定价，这指的是民间企业自主进行碳定价。

在这种机制下，企业自己为本公司的碳排放定价，为碳排放行为赋予货币价值。这有助于鼓励企业向低碳经营转变。该机制的具体应用方法包括：①将未来引入碳定价时企业负担的成本可视化（气候变化风险可视化）；②将设定的碳价作为投资决策的参考标准（促进低碳投资）；③根据企业各部门二氧化碳排放量收费，回收的资金用作脱碳投资（脱碳投资基金）等。现在有越来越多的企业引进了内部碳定价机制。

汽车相关企业需要密切关注碳税、碳排放权交易（碳排放权交易机制和自愿碳减排机制等）、碳关税的动向。在后文中笔者将逐一作出说明。

将无形的二氧化碳减排工作货币化

碳税机制的目的是鼓励企业使用低碳燃料

环境税旨在促进人们采取行动应对环境破坏和资源枯竭问题，碳税也是一种环境税。当企业使用煤炭、石油、天然气等化石燃料时，需要根据其中的碳含量缴纳税金，这将提高化石燃料及其制品的生产成本和销售价格。政府试图通过这种方式来减少社会对化石燃料的需求。从结果上看，这是一种遏制二氧化碳排放的经济政策和手段。企业在使用化石燃料时，它们负担的成本包括化石燃料的购买价格和碳税。在化石燃料中，煤炭的碳含量较多，它的使用成本最高，石油和天然气次之。碳税的这种设定方式能够促使企业在生产过程中选择低碳燃料（见图2-2）。

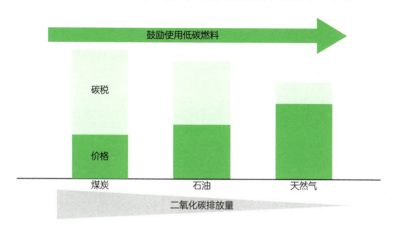

图2-2　碳税

通常来说碳定价=碳税+碳排放权交易机制

通常来说，碳税与碳排放权交易机制构成碳定价。传统上，碳税是"价格手段"，政府用它来调整二氧化碳的价格；而碳排放权交易机制则是"数量手段"，政府用它来调节二氧化碳的排放量。

大多数国家同时采用这两种方法，取长补短，控制二氧化碳的排放。它们对二氧化碳排放量较大的工业领域，引入碳排放权交易机制，而对其他行业则征收碳税。

汽车相关企业尤其需要关注碳排放权交易机制方面的国际动向。

碳排放权分为碳配额和碳信用两大类

碳排放权交易指的是将二氧化碳排放权作为金融资产进行买卖的市场交易。碳信用的价格受世界经济状况、《联合国气候变化框架公约》缔约方大会协议影响，处于波动之中。

碳排放权分两种：一种是"碳配额"（allowance），它是通过限额交易（cap-and-trade，CAT）的方式在市场上流通的碳排放权；另一种是"碳信用"，它是通过基线与信用额（baseline-and-credit，BAC）的方式从减排项目中获得的碳排放权。

碳排放权交易机制是政府主导下的信用交易市场

在政府主导的碳定价中，根据二氧化碳排放量明码标价的碳排放权交易机制（emission trading scheme，ETS）属于限额交易。所谓的限额交易指的是政府为各企事业单位每年允许排放的二氧化碳设定上限，如果超出限额则要被处以罚款。另外还有一个补充机制，二氧化碳减排不达标的企业可以向其他企业购买排放权，提高本公司的排放额度（见图2-3）。

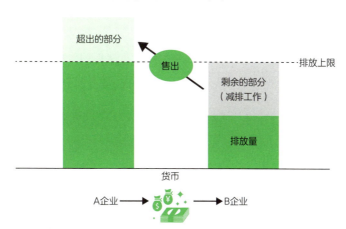

图2-3 将减排工作货币化的碳排放权交易机制

世界各地纷纷建立碳排放权交易机制

2005年欧盟启动了欧盟碳排放权交易机制，此后很多国家（韩国、瑞士等）政府、地方（加拿大魁北克省、美国加利福尼亚州等）政府都纷纷开始启动碳排放权交易机制。

欧盟在2019年12月公布的《欧洲绿色协议》中，提议将海运、陆运和建筑行业纳入欧盟碳排放权交易机制。2021年7月欧盟决定从2023年开始逐步将海运板块纳入欧盟碳排放权交易机制，到2026年将完成整个纳入过程。而在陆运和建筑行业方面，将在2026年建立新的碳排放市场。脱欧之后的英国于2021年1月建立英国碳排放权交易机制，并且排放上限比欧盟更加严格（比欧盟上限低5%）。作为对欧盟碳排放权交易机制的补充，德国于2021年1月将建筑与交通运输板块纳入碳排放权交易机制。

美国虽然没有联邦政府级别的碳排放权交易机制，但是却有数个州级别的交易机制，例如加利福尼亚州的碳排放权交易机制和以东北各州电力板块为对象的"区域温室气体行动计划"（the regional greenhouse gas initiative，RGGI）等。此外，2022年美国将启动针对东北各州、中部大西洋沿岸各州和华盛顿特区交通运输板块的"交通与气候倡议"（transportation and climate initiative，TCI）。

亚洲值得关注的是中国在2021年2月正式开启全国性的碳排放权交易市场。2013年之后，北京和深圳等地方政府就已经启动了碳排放权交易试点工作。随着此次全国范围的推开，可以预见中国将可能出现一个超越欧盟的全球最大的碳排放权交易市场。目前，只有电力行业被纳入这一市场，未来碳排放量较高的其他工业部门（钢铁、水泥等）可能也会被纳入其中。亚洲很多国家引进碳排放权交易机制的势头也很强劲，印度尼西亚、泰国、越南等都在积极讨论建立碳排放权交易市场。

自愿碳减排受到关注

碳信用是基于基线与信用额（baseline-and-credit，BAC）方式的碳排放权，它无须像碳排放权交易机制那样遵守碳排放上限，而是从减排项目中获得排放权。不过，该减碳项目削减的二氧化碳排放量需要经过国际机构或者民间组织的认证。

世界银行将碳信用机制分为以下三类：（1）国际信用机制；（2）国家或地方政府信用机制；（3）独立信用机制。不过，在政府的授意下，它们可能与现有的碳税或碳排放权交易机制挂钩，例如欧盟碳排放权交易机制也认可某些国际信用机制。我们需要从整体上来理解和把握它们。

（1）国际信用机制是国际组织管理的碳信用机制，例如基于《京都议定书》中清洁发展机制的碳信用。2019年，在市场上流通的各种信用中，这种碳信用是价格最便宜的，占据了迄今为止发放的碳信用总数的一半以上。但是因为发行较早，当时《巴黎协定》下的实施细则还未敲定，其认证标准比现在要宽松许多，因此这种碳信用存在很多问题。《巴黎协定》提出要实施中心化市场机制，在《联合国气候变化框架公约》第二十六次缔约方大会上人们就各种议题展开讨论，包括如何处理2020年之前发行的清洁发展机制下产生的碳信用。

（2）国家或地方政府信用机制是由国家或地方政府管理的信用机制。该机制下的碳信用将有望用于达成各地自主减碳目标以及《巴黎协定》中的"国家自主贡献"（nationally determined contribution，NDC）。在日本，由日本政府认证的、与发展中国家之间的双边信用体系（joint crediting mechanism，JCM）等都属于此类信用机制。它们的发行量要少于（1）和（3）。

（3）独立信用机制是由非政府组织或非营利组织等第三方管理的、民间机构主导的机制，例如前文所述的自愿碳减排。这种机制多用于企业自愿自主减排。近年来，越来越多的企业提出了自主减碳目标，再加上清洁发展机制前景不明，所以人们非常关注清洁发展机制下产生的核证减排量[①]能否在新建立的国际碳抵消市场中继续使用。2019年自愿碳减排占已发行碳信用的65%左右，与签订《巴黎协定》的2015年相比，发行量增长了约4倍。其中，非营利组织维拉（Verra）认证的核证碳标准的年发行量在2019年首次超过清洁发展机制，成为全球最大的碳信用机制。

自愿减排项目包括开发森林、保护农业用地、利用可再生能源、减少废弃物处理中的化石燃料使用、在制造工艺中使用减少温室气体排放的设备等。

[①] 核证减排量是得到联合国清洁发展机制执行理事会签发的，在清洁发展机制项目中达到的温室气体减排量。——编者注

碳关税——脱碳时代的就业竞争

碳关税是对碳排放限制宽松国家和地区的产品征收的"绿色关税"

碳关税是针对进口产品的碳定价。对于来自碳排放限制宽松国家和地区的产品，如果该产业二氧化碳排放量高，就要提高该产品的关税以提高其价格（见图2-4）。其目的之一是通过对进

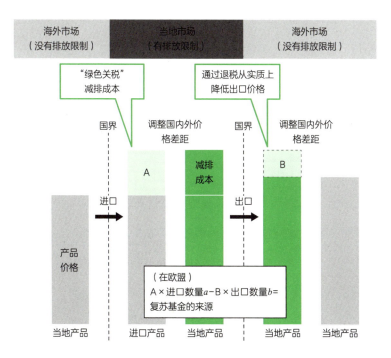

图2-4 碳关税

口产品加征关税来保证当地产品的竞争力，防止当地企业将工厂转移到排碳成本较低的国家和地区。

欧盟在积极行动

欧盟在积极采取行动，讨论以碳边界调整机制的名义引入碳关税。它将被定位为《欧洲绿色协议》的重点政策。

2021年7月14日，欧盟委员会通过了"减碳55"（fit for 55）一揽子计划，宣布到2030年将温室气体排放量较1990年减少55%。该计划将2023年至2025年列为碳边界调整机制的过渡试点阶段。在该阶段将钢铁、铝、水泥、电力和化肥等5种商品纳入碳边界调整机制。从2026年起，碳边界调整机制将开始全面运行。欧盟境内企业从境外进口碳边界调整机制对象产品时，需要被加征关税，以使进口产品和欧盟境内产品在温室气体减排成本上扯平。

欧盟出台碳边界调整机制的背后有复杂的原因，欧盟雄心勃勃的二氧化碳减排目标会带来更加严格的减排法规，这会导致碳价高涨和境内企业生产成本增加。欧盟担心来自碳排放限制宽松国家和地区的产品会挤占国内市场，带来"碳泄漏"（carbon leakage）问题。因此，欧盟希望利用碳边界调整机制推动境外企业低碳生产，保证境内外产业竞争的公平性。但是现在在机制设计上存在着大量问题，包括碳泄漏对策（将欧盟碳排放权交易机制的碳配额免费发送给特定产业等）问题、如何保持与世界贸易组织的非歧视原则的一致性问题，以及碳含量计算困难问题等。我们仍然要持续关注该政策未来的走向。

碳边界调整机制的目标行业包括了钢铁和铝，它们都是汽车的生产材料。未来，电动汽车电池也可能被纳入其中。究其原因，如前文所述，欧盟将电动汽车电池的脱碳作为一项国策大力推进，目的是创造更多就业机会。这会促使欧盟将电动汽车电池纳入碳排放权交易对象的同时，对进口电动汽车电池征收绿色税。因此，汽车产业必须关注欧盟碳关税的动向。

美国加入碳关税"战场"

美国在2020年举行的总统大选中，拜登以总统候选人的身份在媒体前给出了竞选承诺。他谈到必须引进"碳调整税或碳配额"政策，对未履行《巴黎协定》的国家的进口产品征税。2021年1月27日，拜登签署了应对气候变化的总统令，再度强调了碳关税的重要性。欧盟委员会宣布"减碳55"计划之后，7月19日，与拜登总统关系密切的民主党参议员克里斯·库恩斯（Chris Coons）与参议员斯科特·彼得斯（Scott Peters）提出一份草案，草案建议美国"国界碳调整"（border carbon adjustment，BCA）

方案应不晚于2024年1月起执行。继欧盟之后，美国也在积极讨论引入碳关税。

日本如果不及时强化碳定价机制，那么国内企业或将因外国的碳关税而处于不利境地。

之所以欧盟急于启动碳关税，是因为欧洲人强烈希望配合欧盟碳排放权交易机制对进口产品加征绿色关税，以此创造更多的就业岗位。而美国政府推出的"美国就业计划"中，为了使美国汽车产业的国际竞争力不受到欧盟绿色关税影响，政府通过启动包括碳关税在内的碳定价机制，保护美国本国就业岗位，同时通过发展电动汽车来增加就业机会。因此，欧美竞相引进碳关税正是竞争就业岗位的表现。

拥有全球最大汽车市场的中国目前尚未引进碳关税机制。中国电力市场对火力发电的依赖度较高，不过，中国已经在全国范围内启动碳排放权交易市场，积极推广利用可再生能源，未来，中国仍存在引进碳关税机制的可能性。

在全国范围内的碳排放权交易机制和包括碳关税在内的碳定价机制方面，日本已经落在了一些国家后面。如果未来日本仍未引进碳定价机制，那么日本汽车产业的出口竞争力或将大幅下降。

有效碳价过低或将削弱日本产品出口竞争力

在碳税方面，日本已经在2012年启动了"全球变暖对策税"，并于2016年完成了最终增税工作，煤炭、石油、天然气等化石燃料被纳入征税对象范围。相关企业每排放1吨二氧化碳需要缴纳289日元税金。除全球变暖对策税之外，日本还有石油煤炭税、汽油税等。

日本国内没有全国性碳排放权交易机制，只有少数地方（东京都、埼玉县）政府出台了相关制度，并且规模都很小。笔者认为，要实现净零排放，除启动碳税之外，还应考虑引进碳排放权交易机制。

碳配额价格、碳税和能源税组成有效碳价（effective carbon rate）。截至2018年7月，在日本排放市场，每吨二氧化碳价格为30欧元，而法国（89欧元）、德国（48欧元）、英国（83欧元）、韩国（41欧元），日本二氧化碳价格处于较低水平。

在国际上日本的减排成本较低，如果再不全面引入碳定价机制，那么随着钢材被征收碳关税，日本汽车产业或将面临出口竞争力下降的风险。

供应链全生命周期脱碳成为全球趋势

产品全生命周期脱碳

在上文中，笔者针对如何为二氧化碳定价做了说明。那么，企业的哪些活动会被纳入减排对象范围呢？

如今，全球范围内首推温室气体核算体系作为温室气体排放量核算和报告标准。该体系是由世界资源研究所（World Resources Institute，WRI）和致力于可持续发展的世界可持续发展工商理事会（World Business Council for Sustainable Development，WBCSD）牵头，世界各地政府共同参与制定的一项标准。

温室气体核算体系不仅重视单个企业的温室气体排放，还重视整个供应链的温室气体排放。此处的供应链指的是从原料和零部件的采购、生产、配送、销售，一直到废弃处理的整个过程。因此，供应链温室气体排放不仅包含了单个企业的排放（直接排放），还涵盖了上游和下游其他企业的排放（间接排放），它的计算范围涵盖了整个供应链，把供应链作为一个整体来计算。

范围和生命周期评估

我们可以利用"范围"（scope）来把握一条供应链的二氧化

碳排放量。相关的公式是：供应链二氧化碳排放量=范围1+范围2+范围3。范围1是企业的直接排放量，范围2和范围3均为间接排放量。我们把评估和测量产品生命周期内温室气体排放情况（即环境负荷）称为生命周期评估（见图2-5）。

范围1核算的是企业持有或控制的排放源所排放的二氧化碳。具体来说包括企业持有或控制的锅炉、高炉、电炉、车辆等设备通过燃烧排放的二氧化碳，以及利用加工设备制造产品时（工艺过程）产生的二氧化碳。

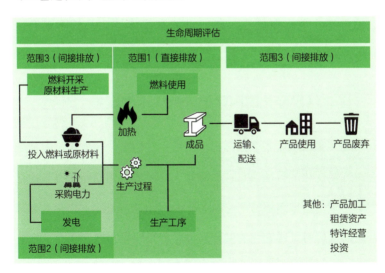

图2-5 供应链整体生命周期评估

范围2核算的是企业采购电力的间接排放量，即生产这些电力所产生的二氧化碳。采购电力指的是企业购买的电力，或通过其他途径被该企业使用的电力。因此，企业可以通过投资节能技术，购买无碳可再生能源的方式削减范围2中的二氧化碳排放。

最后，范围3核算的是某企业经营活动结果产生的二氧化碳，但这部分二氧化碳并不产生于该公司拥有或控制的排放源。这是除范围2之外的所有其他间接排放。例如购买原料进行开采、运输购买的燃料，以及运输、使用、废弃产品过程中排放的二氧化碳。范围3又细分为15个类别，涵盖了对产品加工、租赁资产、特许经营、投资等供应链下游排放的二氧化碳。

日本环境省制定了《供应链温室气体排放量核算基本指南》，对接温室气体核算体系范围3的标准。

应对气候变化的国际倡议组织相继诞生

近年来出现了很多国际倡议组织，它们向公众披露跨国企业应对气候变化的行动信息，并对此进行评估。例如环保类非政府组织"碳信息披露项目"（carbon disclosure project，CDP）会向企业发送应对气候变化的调查问卷，公开问卷答案，并对企业进行排名。

"100%可再生能源"（renewable energy 100%）是全球可再生能源倡议组织，其任务是鼓励企业在生产经营活动中使用可再生能源，减少温室气体排放。

科学碳目标倡议组织（Science Based Targets Initiative，SBTi）是碳信息披露项目、世界资源研究所、世界自然基金会等机构联合成立的倡议组织。该组织鼓励企业科学合理地设计减排目标，并给予相应指导，以实现全球平均升温控制在比工业革命前水平高出1.5摄氏度之内的目标。在科学碳目标倡议组织的推动和指导下，截至2021年8月，全球共有1700多家企业承诺设定主动减排目标，以符合《巴黎协定》指定的全球统一目标。

从范围1到范围3，全供应链需要脱碳

随着倡议组织影响力的增强，企业开始披露自己的气候应对举措，它们通过综合报告或在公司网站上公布供应链二氧化碳排放量，将环保作为企业价值之一加以推广。人们开始把供应链碳排放量的管理水平作为企业官方评估标准，尤其环保组合和ESG投资[①]者对此更加关注。在此之前，大多数企业在环境报告中只披露范围1和范围2中的温室气体排放量。而如今，投资者要求企业公布包括范围3在内的整个供应链碳排放量。

壳牌公司于2021年2月宣布了公司长期减排计划，它的目标

[①]　ESG 即环境（environmental）、社会（social）和治理（governance）英文首字母的缩写。ESG 指标分别从环境、社会以及公司治理角度，来衡量企业发展的可持续性。——编者注

是到2050年将转型成为净零排放能源企业。中期目标是以2016年数据为基准，到2030年单位能源碳排放量（单位生产和销售的能源的碳排放量）降低20%，2035年降低45%。海牙国际法院[①]对这一目标并不满意，要求壳牌公司进一步提高减排目标。2021年5月26日，海牙国际法院判决，要求壳牌公司必须在2030年之前将碳排放量控制在2019年水平的45%。6个环保组织和1.7万多名荷兰公民是这次庭审的原告。这是一次具有划时代意义的审判，海牙国际法院认可了荷兰公民提出的诉求，要求跨国公司承担气候变化的责任，甚至要求它们给出具体的减排数字目标。另一点引发关注的是，海牙国际法院要求的减排范围进一步扩大，涵盖了范围3和供应商的排放。

壳牌公司于2021年7月20日宣布将对这一判决结果提出上诉。首席执行官本·范伯登（Ben van Beurden）通过社交媒体发文称，虽然对裁决并不认可，但壳牌公司仍将加速推进净零排放。

如今脱碳已经成为全球趋势。活跃于世界舞台的日本车企必须启动生命周期评估（包括范围1、范围2、范围3），在包括零部件供应商在内的整个供应链开展脱碳行动。这是日本汽车企业在经营过程中要面对的一个重要课题。

---

① 联合国国际审判法院，位于荷兰海牙。——编者注

科学碳目标倡议组织敦促参与企业制定包括范围3在内的减排目标。企业为了向利益相关方（例如ESG投资者）展示它们致力于实现碳中和的态度，往往积极寻求科学基础减碳目标（SBT）认证。科学基础减碳目标是科学碳目标倡议组织官方认证的减排标准，对企业5～15年后的年度减排目标作出标准限定。该标准分为两种，分别是比工业革命前全球升温控制在1.5摄氏度之内和2摄氏度之内，其中1.5摄氏度是最为严格的目标。截至2021年8月，全世界有大约850家企业通过了科学基础减碳目标审核。2021年7月30日，日产汽车成为日本首家通过"升温控制在2摄氏度"目标审核的企业，同时它加入了科学碳目标倡议组织。如今科学基础减碳目标的审核对象已经涵盖到范围3。对于制造业这种具有庞大供应链的产业来说，业内企业要通过审核非常困难，然而日产汽车公司做到了。

碳定价也呈现出涵盖范围3的趋势

身处脱碳大潮中，欧洲开始了全产业链的全生命周期脱碳行动。

如前文所述，欧盟委员会在"减碳55"计划中宣布，从2026年开始将交通运输业纳入欧盟碳排放权交易机制。可以预见，除了国际航运和海运之外，汽车等陆运行业也将被纳入该体系。根据欧洲环境署的数据，截至2018年，国际航运和海运碳排放量各自占欧盟总排放量的3%，而陆地运输占据了22%。

陆地运输也被纳入欧盟碳排放权交易机制，这意味着电动化对象范围将从新车销售扩大到在用车运营，这将促进范围3的脱碳步伐。

要实现零部件和产品运输阶段的间接减排目标（范围3），物流运输行业必须对商用车进行电动化改造。虽然欧盟计划从2035年开始禁止销售燃油车，但是从2026年开始，运输行业将被纳入碳排放权交易机制，所以比起乘用车，商用车的电动化改造更是当务之急。在这一背景下，欧洲卡车制造商除了制造纯电动汽车之外，还在积极研发燃料电池汽车。欧盟委员会除安装电动汽车快速充电桩之外，还积极在高速公路沿线设立加氢站。

零碳出行

汽车产业的绿色转型指南

第 **3** 章

碳足迹的决定因素

怎样做才能减少碳足迹？一般而言，企业生产活动越活跃，经济增长越快，排放的二氧化碳就会越多。但是如果为了减少碳排放而限制企业活动和社会经济增长，那将导致人们生活水平下降，这样一来减排也就失去了应有的意义。

怎样做才能既保证企业发展和经济增长，又能减少二氧化碳的排放？本章将利用日本学者茅阳一提出的"卡亚公式"（Kaya Identity），通过具体事例介绍应对之策。

基于卡亚公式的脱碳攻略

二氧化碳排放量的决定因素

东京大学名誉教授茅阳一于1989年提出了"卡亚公式"（见图3-1），揭示出人类活动与二氧化碳排放量之间的关系。第二年，即1990年，联合国政府间气候变化专门委员会（Intergovernmental Panel on Climate Change，IPCC）发布了一项报告，该报告利用卡亚公式计算了减排对国内生产总值（GDP）增长的影响。之后，卡亚公式广为人知。如今，世界各地的政策制定者在做决策时经常用到这一公式。

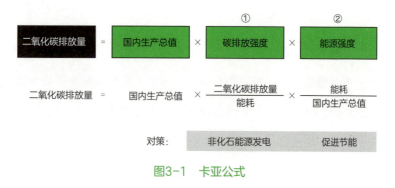

图3-1　卡亚公式

该公式认为二氧化碳的排放量取决几个主要因素。二氧化碳排放量=国内生产总值×①单位能源碳排放量×②碳排放强度（能源强度或能耗）。

根据这一公式，如果在不降低国内生产总值的情况下追求经济增长，就需要降低①和②的值，以减少二氧化碳的排放。要降低①，我们要改变原来的电力能源结构，从煤炭、石油燃料转变为天然气等低碳燃料，或者利用无碳可再生能源。要降低②，就必须促进节能。

茅阳一收集了一些国家的相关数据并进行了计算，结果表明，其中的多数国家在石油危机之后推进了节能改革，②能源强度有所降低，但是①碳排放强度的削减却不尽如人意。日本自然资源和能源局公布的数字表明，日本的节能工作取得了长足的进步。日本由于近年来采取各种节能措施，例如采用发光二极管技术、使用节能率较高的工业热泵和电机、推广节能汽车等，使2010—2017年②的数值减少了16%。

今后要进一步削减碳排放，重要的是降低①的数值。尤其要提高可再生能源在电力能源构成中的比例，这同时也会为全球创造大量就业岗位。

企业活动中碳足迹的决定因素

卡亚公式揭示了国家经济活动与二氧化碳排放量之间的关系。那么，它能否用来表示企业经济活动与二氧化碳排放量之间的关系呢？我们尝试利用这一公式计算汽车制造商、零部件制造商的碳排放情况（见图3-2）。

我们将原来公式中的国内生产总值换成产量，能源强度换成"单位原材料的能耗（能源强度）"和"单位产品的原材料投入量（材料效率）"。要提取"材料效率"这一要素，是因为人们

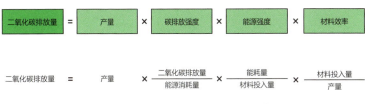

图3-2　将卡亚公式应用于企业活动中

在组装和制造汽车及其零部件的过程中，越来越多地循环使用某些零件，这样一来，在汽车制造生命周期中材料投入量逐渐减少。材料效率的提高将降低能源强度，有助于减少二氧化碳的排放。

实现碳中和需要追加其他措施

为了实现碳中和的目标，许多国家和地区的企业都在积极采取行动。碳中和也称为净零排放，指的是二氧化碳相对"零排放"。

再度仔细观察图3-2，我们会发现一个问题。在这个公式中，所有因数都不是零，所以它们相乘之后得到的碳排放量也不可能是零。在碳排放强度一项，如果把所有的能源都换成无碳可再生能源，那么最终可能会得到零这一结果。但是在很多国家的发电能源结构中，可再生能源占比仍然很低，所以能做到净零排放的企业寥寥无几。

因此，为了达到碳中和，需要额外采取措施，以实现碳净零排放。这种措施即为碳补偿和碳回收。碳补偿是一种二氧化碳的抵消机制，方法是购买碳信用以抵消实际排放的二氧化碳。碳回收是利用技术直接回收二氧化碳，加以利用或将其储存下来，即碳捕集、利用与封存（carbon capture, utilization and storage，CCUS）。我们针对卡亚公式四个因数采取的对策都是限制二氧化碳的排放，而碳回收则是把经过限制之后的二氧化碳回收并消除的技术。

图3-3列出了实现碳中和的公式，以及达到净零排放的具体对策。本章将介绍节能之外的其他减排对策和具体案例。

只依靠电动汽车无法实现碳中和

在汽车和移动出行领域，实现碳中和的方法包括：①促进可再生能源的使用（采用非化石电力能源）；②强化节能措施；③打造循环经济；④获得碳信用；⑤开发或引进除碳技术等。

汽车相关企业要实现碳中和，不仅要增加电动汽车的产量和销量，还要在整个供应链中实现脱碳和除碳。这不仅是理解本章，也是理解整本书脱碳理论的关键。

今后随着减排行动的推进，我们可能不再需要购买碳信用来抵消碳排放（后文将详细说明）。如前文所述，碳定价是一种激励措施，目的是促进企业脱碳减排。而碳信用则是为了实现碳中和的过渡政策。

贸易公司和物流公司也可利用卡亚公式

贸易公司和物流公司不是制造商，它们的业务是买卖商品和提供服务。这类公司也可以利用卡亚公式来管理碳排放。对于汽

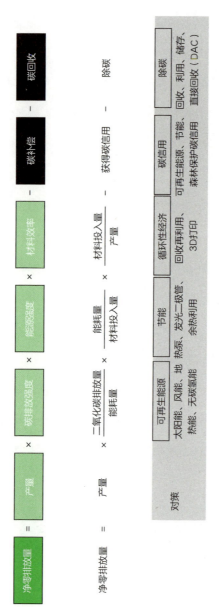

图3-3 碳中和的对策

车制造商和供应商来说，未来围绕脱碳的活动范围将扩展到包括范围3在内的整个供应链。除碳需要先进的技术，它们往往与这些企业的主营业务相去甚远，因此在未知领域与其他公司的合作必不可少。

制造商的上游企业负责采购材料、调配能源，下游企业负责产品零部件的运输销售和废弃回收，而贸易公司和物流企业在这些领域拥有丰富的专业知识和较强的价值创造能力。今后它们将更多地参与到汽车和移动出行企业实现碳中和的工作中。

大众汽车公司和亚马逊公司涉足可再生能源发电领域

可再生能源是电动汽车产业的制胜法宝

前文我们通过卡亚公式说明了要减少二氧化碳的排放，企业必须更多地利用无碳可再生能源。

对于推广电动汽车的企业来说，实现从范围1到范围3的全生命周期脱碳成为当务之急，在这种情况下，汽车企业的供应商也必须参与到二氧化碳的减排行动中。接下来，我们将关注大众汽车公司如何进军可再生能源发电领域，实现快速脱碳之路。

另外，对下一代移动出行来说，云计算至关重要。因此，笔者还将介绍亚马逊公司如何利用云计算来实现脱碳。亚马逊计划向其云计算数据中心提供可再生能源电能，日本也将参与这一计划。亚马逊一方面向新兴电动汽车制造商和电动汽车电池回收公司投资，另一方面启动数据中心绿色能源计划，双管齐下打造涵盖范围3（包含传统车企上游和下游供应链）在内的零碳出行企业。

可再生能源是电动汽车产业的制胜法宝。在电动汽车大行其道的今天，企业纷纷拿出不同以往的战术，加入竞争。

加速利用可再生能源，促进范围2的减排

大众汽车公司在快速推进汽车工厂的脱碳。2021年3月29日，大众汽车公司宣布自己在2020年实现了汽车工厂可再生电能采购份额的大幅提升。这意味着该公司在进行范围2的脱碳。需要注意的是，除大众品牌之外，大众集团旗下还拥有奥迪（Audi）、保时捷（Porsche）、斯柯达（Skoda）、西雅特（Seat）、布加迪（Bugatti）和卡车制造商曼恩（Man）等众多品牌。

大众汽车公司欧洲工厂的可再生电能采购份额已经从2019年的80%提高到了2020年的95%。在同一时期，除了中国之外的海外工厂，该份额从76%提升至91%。它们的目标是到2023年欧洲

境内所有工厂的可再生能源使用率达到100%。到2030年除中国之外所有工厂的可再生能源使用率达到100%。

大众汽车公司并不满足于范围2的顺利脱碳，希望进一步提高中国工厂的可再生能源利用率，并推进工厂自主发电（范围1）的脱碳。

涉足可再生能源发电领域，积极推进范围3的脱碳

2021年4月29日，大众汽车公司宣布2025年之前将在欧洲投资4000万欧元，帮助电力企业建立太阳能和风能发电站。大众汽车公司将成为首个支持可再生能源大规模扩张的汽车制造商。

大众汽车公司参与的各种项目计划到2025年发电70亿千瓦时，相当于60万户家庭的年用电量。2022年，德国电力巨头莱茵（Rwe）集团将参与位于德国东北部特拉姆–古滕（Tramm-Göthen）市的该国最大规模的太阳能发电项目。

大众汽车公司通过其子公司为电动汽车客户提供绿色电力，以满足家庭充电和途中快速充电的需求。不过，在德国，并非所有的公共充电站都使用可再生能源。在扩大电动汽车销量的同时，大众集团决定涉足可再生能源发电领域，以进一步推动电动汽车电池用电的脱碳（见图3-4）。

图3-4　大众汽车公司积极投资可再生能源领域

资料来源：大众集团。

这将有助于减少用户使用电动汽车时的二氧化碳排放量，从而为电动汽车销售之后的、范围3的脱碳作出贡献。

强化生产过程与供应链的减排工作

大众集团宣布涉足可再生能源发电领域的同时，还明确表示不仅要推动电动汽车的驾驶和充电领域的脱碳，还要加速生产过程和整个供应链中的脱碳步伐。

除提高范围1和范围2的可再生能源使用率之外，大众汽车公司还利用可再生能源生产汽车零部件，促进零部件的循环利用，以实现电动汽车全生命周期减排目标。

大众集团强调，自己将强化回收机制，无论是本公司生产的还是外部采购的电池，都将只使用100%可再生能源，并且保证90%以上的电池原材料可以重复使用。大众集团对外采购的电池包括了第1章中提及的与诺斯伏特公司的合资工厂生产的电池。

加速实现全生命周期脱碳的路线图

为了达成2050年实现碳中和的目标，大众汽车公司实施了以上举措，并根据这些举措提出了一个中期目标，即2030年在欧洲排放的二氧化碳比2018年减少40%。这相当于平均每辆车在其生命周期中减少17吨二氧化碳排放量。

在2020年12月欧盟《关于电池和废电池的法规提案》颁布仅仅4个月之后，大众汽车公司就向全世界展示了该公司涵盖电动汽车生产上游和下游（范围3）的全生命周期脱碳的路线图。

日本也参与了亚马逊数据中心绿色发电计划

亚马逊公司积极推进"气候承诺"（the climate pledge）倡议。包括亚马逊公司在内，目前已经有108家全球企业成为该倡议的签署方。该倡议承诺，在2040年之前实现碳的净零排放，这比《巴黎协定》的目标达成时间提前了10年。亚马逊公司正在积极推动业务范围内的脱碳，以实现碳中和目标。

目前，亚马逊公司已经公布了从范围1到范围3的碳足迹数值，并且在全球范围内的仓库、办公室、运输、数据中心展开脱碳行动。该公司制定了目标，要在2025年之前公司全部采用可再生电能。此外，亚马逊公司于2021年6月23日发布的新闻稿显示，亚马逊公司已成为美国乃至全球最大的可再生能源采购企业之一，在世界各地的可再生能源项目数量达到232个（见图3-5）。

图3-5　亚马逊公司积极投资可再生能源领域[①]

资料来源：亚马逊公司。

————————

[①]　图为亚马逊公司在美国得克萨斯州的风能发电厂。——编者注

在众多项目中，亚马逊公司非常重视数据中心的绿色电能项目。作为全球最大的电子商务企业之一，亚马逊的云计算技术处于世界领先地位，在全球拥有约80个数据中心。随着全球数字化的发展，以及云计算的不断进步，数据中心的能耗将逐年递增。

2021年5月13日，有媒体报道，亚马逊公司考虑建造一座新的发电厂，用来满足日本数据中心的可再生电能需求。据多位相关人士透露，亚马逊计划让日本电力公司新建一座专门的可再生能源发电厂，并与其签订长期电力采购合同。不从已有的可再生能源发电厂采购电能，而是要求日本新建电厂，是因为这样做可以增加可再生能源的采购量，帮助亚马逊公司实现业务范围内的脱碳目标。未来，随着减排项目的增加，亚马逊及可再生能源公司的建设和运营成本负担将逐渐减少。如果这一计划能够实现，那将是日本国内首个企业专用发电厂。

针对以上报道，亚马逊公司在一份声明中表示"我们正在全球范围内采取措施，以确保可再生能源的供应"。

对日本卡车制造商来说，是对手还是合作伙伴？

亚马逊公司尚未作出明确回应，在这种情况下，日本汽车制造商，尤其是商用车制造商需要密切关注亚马逊公司的未来动向。

亚马逊公司正采取多项行动，不断扩大在移动出行领域的影响力。这些行动包括：2019年2月，亚马逊公司投资了美国新兴电动汽车制造商里维安公司；2020年6月亚马逊公司通过基金投资了美国电动汽车电池回收公司红木材料（Redwood Materials）公司；等等。

亚马逊公司参与可再生能源发电或将帮助日本物流业实现脱碳。关于这一点，我们可以从亚马逊公司用户的角度来解释。

从亚马逊网站下单到收货这一过程，要实现脱碳目标，需要利用无碳可再生能源发电提供给云计算中心，还要使用电动汽车送货，而电动汽车搭载的是可再生能源蓄能电池。亚马逊公司涉足可再生能源发电是实现业务脱碳的第一步。这样一来，市场上将产生固定型可再生能源蓄能电池和商用电动汽车的需求，这将带来新的经济效益。未来，亚马逊公司可能还会在发货商将商品运到仓库的过程中，甚至在商品制造全生命周期中追求脱碳。

里维安公司计划为亚马逊公司生产电动货车，并可能在日本市场中使用。对于日本商用车制造商来说，携电动汽车进入日本市场的亚马逊究竟是对手，还是以电动汽车用户的身份共同推动日本物流业脱碳的合作伙伴呢？亚马逊公司的一举一动将持续受到关注。

日产汽车公司、宝马公司积极采用闭环回收工艺

本部分将介绍各企业如何通过构建循环经济（物品的回收再利用），改善材料效率，减少碳足迹。

生命周期评估之后的下一个"目标"是什么？

根据欧盟《关于电池和废电池的法规提案》，欧盟从2019年左右就开始讨论引进生命周期评估机制，在未来，电动汽车电池之外的其他汽车零部件极有可能也将被纳入该机制。那么在汽车材料中，欧盟的下一个"目标"将是什么？欧盟委员会在2020年7月发布了一份"汽车材料生命周期评估中二氧化碳排放报告"，该报告给我们提供了暗示。

欧盟委员会公布了电动汽车每千克材料在生命周期内的二氧化碳排放量（见图3-6）。严格来说，每辆电动汽车使用的材料并不相同，所以我们需要用基本单位乘材料用量来计算每辆汽车的二氧化碳排放量。汽车材料当中，碳足迹较高的有汽车轻量化材料镁、铝合金（铸锻材料），以及碳纤维增强塑料等。除此之外，还有用来制造电机的、含有钕和镝的磁铁材料和锂离子电池材料等。

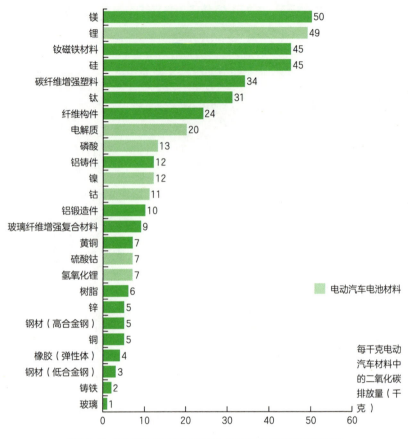

图3-6　2020年欧盟电动汽车材料二氧化碳排放强度

注：2020年基线情景［欧盟平均电力能源结构，使用15年，总里程2.5
万千米；电动汽车电池容量2020年58千瓦时、2030年64千瓦时；世界轻
量型汽车测试程序（WLTP）模式续航里程2020年300千米、2030年460千
米，无须更换电池］。

资料来源：笔者根据欧盟委员会（2020）相关报告创建。

日产汽车公司建立铝部件的闭环回收机制

铝合金是典型的汽车轻量化部件。从铝土矿冶炼金属的过程中会排放大量二氧化碳，其排放量占据汽车制造中碳排放量的一大半。但是，汽车的主要需求地却只有很少的冶炼工厂，日本一个也没有。因此，我们在应对铝制品生命周期评估时，能够采取的只有回收利用这一个方法。近几年，各大汽车制造商都在与铝产品制造商合作开展闭环回收（closed loop recycling）项目。汽车行业经常谈到"闭环回收"这个词，它指的是通过技术手段将生产中的废弃物，以及本公司的废旧产品加以处理，制作成与原来同等品质的材料，重新用作内部产品的零件。

2021年1月22日，日产汽车公司宣布，在北美推出的新款"逍客"（Rogue）中将使用"闭环回收"工艺制作的铝材。这是该公司首次在全球车型中采用闭环回收工艺。为了进一步减轻车身质量，提高车辆燃油效率和动力性能，新款日产逍客将使用铝板制作引擎盖和车门等闭合件。生产该车型的日产汽车公司九州工厂与神户制钢所、优艾希杰（UACJ）公司合作，日产汽车公司北美士麦那（Smyrna）工厂与美国奥科宁克（Arconic）公司、诺贝丽斯（Novelis）公司合作，采用新工艺将车辆组装时废弃的铝件重新回收，制作成汽车铝板（见图3-7）。2021年5月28日，诺贝丽斯公司宣布，该公司德国工厂生产的闭环回收工艺铝板将提供给日产汽车公司英国桑德兰工厂生产的新款运动型多功能汽车（SUV）"逍客"，从而帮助日产汽车公司实现汽车生命周期内的二氧化碳减排目标。

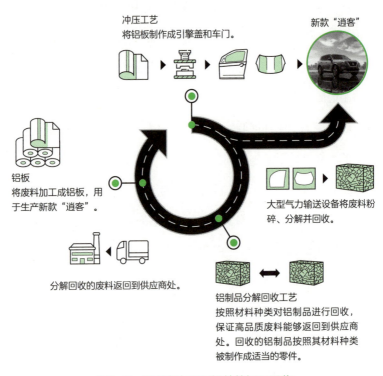

冲压工艺
将铝板制作成引擎盖和车门。

新款"逍客"

铝板
将废料加工成铝板，用于生产新款"逍客"。

大型气力输送设备将废料粉碎、分解并回收。

分解回收的废料返回到供应商处。

铝制品分解回收工艺
按照材料种类对铝制品进行回收，保证高品质废料能够返回到供应商处。回收的铝制品按照其材料种类被制作成适当的零件。

图3-7　日产汽车公司铝件的闭环回收

资料来源：日产汽车公司。

　　根据日本铝业协会的数据，如果采用废铝回收的方法，那么制作同等品质的铝制品消耗的能源比原来减少90%以上。日产汽车公司在闭环回收过程中采用了分类回收的办法，将杂质分拣出来，保证了回收后的产品质量，实现了横向回收。这既避免了开采新矿（铝土矿），又能大幅削减二氧化碳排放量。

宝马汽车公司还致力于碳纤维增强塑料的回收

除铝材之外，汽车轻量化材料中较有代表性的还有碳纤维增强塑料。如图3-6所示，欧盟统计的生命周期评估中每千克碳纤维增强塑料二氧化碳排放量为34千克，远超钢材的3~5千克排放量。铝材也是汽车轻量化的典型材料，在制造过程中因为要消耗大量电力所以碳排量为10~12千克，而碳纤维增强塑料的碳足迹比铝材还高了许多。碳纤维增强塑料的碳足迹如此之高，原因在于人们在制造这种材料时，要利用数千摄氏度的高温把原材料聚丙烯腈（PAN）进行碳化和石墨化处理，这一过程要消耗大量能量。

因为碳纤维增强塑料很有可能是被纳入生命周期评估的对象，所以汽车制造商和原材料制造商早在20多年前就开始想办法为碳纤维增强塑料脱碳，如今产品主体已经实现回收再利用。

宝马汽车公司是全球汽车制造商中最积极使用碳纤维增强

塑料的制造商，尤其为了延长"i3"和"i8"款电动汽车的充电续航里程，它在大部分车体中都使用了碳纤维增强塑料（见图3-8）。第一代"i3"发布于2013年，然而，早在2008年开始，宝马汽车公司就与全球最大的碳素制品企业之一德国西格里碳素集团（SGL）合作建立碳纤维闭环回收机制，努力提高回收率。

图3-8　宝马汽车公司积极采用碳纤维增强塑料来减轻电动汽车车体质量

资料来源：宝马汽车公司。

欧洲车企碳纤维增强塑料的生命周期评估应对之策

宝马、大众等欧洲汽车制造商已经预测到政府或将引入生命周期评估机制，并积极为此做各种准备。具体来说，主要汽车制造商已经开始要求供应商披露零件制造过程中的碳足迹，这些零部件既包括电动汽车电池，也包括其他零件。生命周期评估和欧盟《关于电池和废电池的法规提案》的制定都是出于环保的目的，因此排碳量高的零部件很有可能成为生命周期评估的对象。在所有零部件中首先被评估的就是碳纤维增强塑料。

在生命周期评估机制引入之前，汽车制造商会选择有助于提高燃油效率的材料，但是今后它们可能会选择生命周期内排碳量较低的材料。汽车制造商对供应商的选择标准即将发生巨大变化。

燃料电池汽车会被"狙击"吗？

在碳纤维领域，以东丽公司、帝人公司、三菱化学控股公司为代表的日本企业掌握着较高的水平技术，三家企业占据了全球市场份额的一半以上。这些企业都在积极致力于碳纤维增强塑料的脱碳工作，在碳化和石墨化处理过程中注意节能减排，同时扩大对天然气、可再生能源的使用，此外，它们还着力于开发循环回收技术。

但是，回收技术的普及还需要时间，在这种情况下，碳纤维增强塑料的脱碳就像电动汽车电池一样，关键是对可再生能源的使用率能提高多少。欧洲积极推动使用可再生能源，而日本国内可再生能源并不丰富，在电力能源构成方面处于不利地位。因此，笔者认为，在碳纤维增强塑料领域拥有较大市场份额的日本有可能成为欧盟利用生命周期评估机制的"狙击"目标。

如果欧盟对碳纤维增强塑料"下手"，那么同样是日本企业在技术上处于领先地位的燃料电池汽车也可能成为"靶子"。这是因为燃料电池汽车的主要部件高压氢气罐大量使用了碳纤维增强塑料材料，所以氢气罐或搭载了氢气罐的燃料电池汽车被纳入生命周期评估机制就不足为奇了。

企业需要日本政府的支持

欧洲拥有丰富的可再生能源，利用生命周期评估机制更有利于促进脱碳。要应对欧盟的相关法规，日本政府必须向企业投入足够资金，支持它们使用可再生能源，尽早掌握回收技术。同时，政府的支援应不仅限于碳纤维增强塑料这一项，包括电动汽车电池、电机、铝材等碳足迹较高的零部件都需要纳入政府援助对象范围。

博世集团和苹果公司利用森林信用抵消二氧化碳排放

要实现碳净零排放，我们需要一项名为"碳补偿"的附加措施。需要这一附加措施，是因为企业只要从事经济活动，就无法做到绝对的二氧化碳零排放。

碳补偿针对的是经济活动中的二氧化碳排放行为。我们先要尽力减少碳排放，对于不得不排放的二氧化碳，要通过某些减排行为，将排放的这部分二氧化碳抵消掉，这就是碳补偿。

企业尤其关注自愿碳减排，它也称为碳抵消信用，指的是利用某种方法将削减或吸收的二氧化碳数量进行量化，使之能够在市场中交易。减排手段包括使用可再生能源、引进节能设备等；吸收二氧化碳的手段包括植树造林等。

接下来，笔者将重点介绍如何通过保护森林获得碳信用，这也是汽车企业常用的手段。

博世集团在2020年实现范围1和范围2的碳中和

全球最大的汽车零部件企业之一德国罗伯特·博世（下称"博世"）集团在2020年1月11日召开的国际消费类电子产品展览会（CES）中宣布，公司在业务中做到了二氧化碳净零排放，在2020年实现了碳中和。博世集团在2019年宣布，公司分布在全球的400多家业务所将在2020年实现碳中和，而如今这一目标已经实现。该公司二氧化碳减排的对象范围是范围1和范围2。

博世是如何实现碳中和的？我们通过表3-1和图3-9进行了

总结。从图中可以看出，相比2018年，博世集团在2020年减少了326万吨碳排放。从减排方法来看，购入太阳能等绿色电能（范围2）占减排量的62.7%。第二大减排手段是碳补偿，它购入的碳抵消信用占减排量的28.8%。其他减排手段还有促进工厂开展节能行动、安装太阳能电池板、利用可再生能源为工厂发电等，这些措施都推动了范围1的脱碳。总之，有效利用碳补偿是博世集团成功实现碳中和的关键。

表3-1　博世集团利用抵消信用实现碳中和

	2018年/万吨	2019年/万吨	2020年/万吨
二氧化碳净排放量	326	194	0
碳补偿（购买碳信用）	0	-26	-94
二氧化碳排放量	326	220	94
范围1	47	47	49
生产	39	38	35
运输	7	8	12
挥发性有机化合物（换算成二氧化碳）	1	1	2
范围2	279	173	45
电力	269	164	36
区域供暖和制冷/蒸汽	10	9	9

资料来源：笔者根据博世集团的公开资料创建。

图3-9　博世集团减排方法

资料来源：笔者根据博世集团的公开资料创建。

博世集团首席技术官（CTO）迈克尔·博勒（Michael Bolle）宣布实现碳中和的同时，还公布了博世集团的新目标：2030年前使包括范围3在内的供应链碳排量比当下减少15%。另外，博世集团还计划以更积极的姿态推动脱碳，争取到2030年二氧化碳减排量（与2018年相比）中碳补偿的贡献率控制到15%以内。它强调，要采取直接的脱碳措施，降低对碳抵消信用的依赖度，以更加积极的态度应对气候变化。

获得森林信用和可再生能源信用

博世购买了什么样的碳补偿呢？它先通过巴拿马森林保护行

动拿到了森林信用，这是一个经过了黄金标准（gold standard）认证的环保项目。黄金标准是针对《京都议定书》中的清洁发展机制项目而开发的高质量认证标准。清洁发展机制是《京都议定书》中引入的履约机制之一，核心内容是发达国家帮助发展中国家开展减排行动，为其提供资金或技术援助，完成的减排量由两国共同分配。条款指出，该机制的目的是帮助发展中国家减少温室气体排放，为发展中国家的可持续发展作出贡献。因此，黄金标准是一个非常好用的工具，它既可以促进二氧化碳的减排，还能帮助发展中国家实现可持续发展目标。对于购买碳信用的一方来说，黄金标准能够保证所购碳信用的质量。

博世集团购买的另一种碳补偿是通过在菲律宾的风力发电项目拿到的可再生能源信用，它满足维拉公司（全球最大碳信用机制运营商之一）制定的核证碳标准。

大众汽车公司利用森林信用实现了碳中和

近年来，全球性企业都在积极采取措施以取得森林信用。在汽车制造商中，大众汽车公司的表现尤为突出。

2019年9月以来，大众汽车公司一直在参与印度尼西亚加里曼丹省的森林保护项目。该项目占地15万平方千米，已经获得黄金标准、核证碳标准，以及气候、社区和生物多样性标准（climate community and biodiversity standard，CCB）等国际认证。大众汽车公司通过这个项目拿到了森林信用，每年可以抵消750万吨二氧化碳排放量。该公司的主力车型"ID.3"利用了上述森林信用，做到了全供应链净零排放，成为大众旗下首款实现碳中和的电动汽车。

目前，这一森林保护项目是大众集团与英国坡米恩（Permian）公司共同开发的。2020年6月，大众集团宣布进一步扩大联合开发的规模，计划将合作开发区域初步扩大到包括南美洲和亚洲在内的1万平方千米森林。这一面积是德国柏林市的10倍多。

苹果公司设立再造林基金

苹果公司或将涉足电动汽车领域（参考第4章内容），它如今也在积极利用碳补偿来完成碳中和目标。

2021年4月15日，苹果公司宣布设立"再生基金"（restore fund），这是它的首个温室气体减排举措。这意味着投资者直接投资森林保护项目，清除空气中的二氧化碳，就可以获得金钱回报。该基金规模为2亿美元，由苹果公司、保护国际（Conservation International）基金会和高盛（Goldman Sachs）集团共同发起。其目的是每年从大气中至少削减100万吨二氧化碳（相当于20万辆乘用车的排碳量）。它们同时还会提出可行的财务模型，进一步扩大对森林再生项目的投资。

苹果公司的目标是到2030年在整个供应链中实现碳中和。它计划在2030年前将供应链中的碳排放减少75%。剩下的25%将由该基金通过从大气中清除等量的碳来解决。换句话说，剩余的25%碳排放将通过森林信用来抵消。

利用红树林吸收蓝碳

苹果公司如今管理着4000平方千米森林，它们分布在美国、哥伦比亚[①]和肯尼亚等国。在这些森林项目中，苹果公司尤其着力打造的是位于哥伦比亚的项目，这个项目很特殊，它通过吸收蓝碳来获得碳信用（见图3-10）。

图3-10　苹果公司利用红树林项目获得蓝碳信用

资料来源：苹果公司。

---

① 即哥伦比亚共和国。——编者注

蓝碳是联合国环境规划署在2009年定义的一个术语，指的是由海洋生态系统吸收和固定的碳。"蓝碳"是相对于陆地生态系统固定的"绿碳"而言。它是海草床①、红树林和盐沼湿地等海岸带植物固定的碳。这类生态系统能够吸收大气中的二氧化碳，尤其红树林对二氧化碳的吸收速度是陆地热带雨林的10倍，并且吸收的二氧化碳将半永久地固定和储存在海底沉积物中。陆地森林的土壤与空气中的氧气接触，所以其中的有机碳几十年后就会分解。相比之下，红树林吸收的二氧化碳比相同面积的陆地森林要多，创造的碳积分也更高。

2018年，苹果公司在哥伦比亚的西斯帕塔湾（Cispata Bay）购入了约100平方千米红树林，并与当地政府和环保组织合作开展了植树护林项目。值得注意的是，在苹果公司参与该项目之前，由于非法采伐和过度捕捞，西斯帕塔湾的红树林面积一直在下降。

将蓝碳纳入交易市场

2021年5月6日，保护国际基金会宣布通过该项目首次成功核算并认证出了红树林土壤部分的固碳量。在此之前，核算红树林的固碳量时，通常都以热带雨林为测量对象。而此次该基金会测

---

① 指大面积的连片海草。——编者注

量并核算了海底沉积物中的固碳量（占红树林固碳量的60%），并且其抵消信用通过了核证碳标准。利用红树林来削减蓝碳的行为将在碳市场上占据一席之地。

对日本来说也是好机会，日本国内汽车经销商需要关注

在前文中，笔者举出了数个海外森林信用的例子。事实上，日本在森林信用方面也是大有可为的。据联合国统计，日本的森林覆盖率（即森林面积/国土面积）为69%，仅次于芬兰，位居世界第二。综上，无论在绿碳还是蓝碳方面，日本都有大量获得碳信用的机会。

日本国内也开展了许多关于陆地和海洋系统吸收二氧化碳的研究和概念验证。我们可以利用日本政府认证的碳信用机制来获得森林信用，不过相关的市场规模还很小。如果未来包括蓝碳在内的自愿减排交易市场进一步扩大，那将给企业带来更多机会。因此，汽车相关企业也需要密切关注该领域的发展动向。

尤其是日本国内的汽车经销商，它们熟知国内环境，知道哪里的森林和海洋资源比较丰富，可以通过当地的项目获取森林信用，然后再将它们出售给汽车制造商，助其实现碳中和。

开发森林信用这一新业务并非不切实际。丰田汽车公司旗下的神奈川专卖店自1998年以来一直参与神奈川县的"森林再生合作伙伴机制"。神奈川县政府为它颁发了核算证书，其中记录了它的植树造林活动吸收的二氧化碳数量。不过这种核算证书无法在碳交易市场作为碳信用使用，其中也没有相关认证数据，无法进行自愿减排信用认证。但是，如果将来碳信用进一步制度化和规范化，森林信用的市场化程度进一步提高，那么直接或间接参与森林经营的国内经销商或将迎来新的商机。

碳信用只是过渡时期的应对之举

2021年6月3日，亚马逊、微软等8家公司成立了减排环保组织——气候解决方案扩展商业联盟（Business Alliance to Scale Climate Solutions，BASCS）。参与企业将与联合国环境规划署合作，努力减少二氧化碳的绝对排放量。该组织的目的是使企业不再依赖通过购买碳信用来抵消碳排放，鼓励企业投资那些减排效果好的项目。

就促进企业自主自愿减排这一点来说，碳补偿机制或许可以鼓励那些碳排量较高的企业行动起来。但是也有人指出，某些减排活动只是为了获得碳补偿，它们事实上并没有减少二氧化碳的排放。还有观点认为，不能因为有了碳补偿机制，就不重视自主减排，对于这一点人们必须达成共识。

随着企业不断采取措施减排，开发或引进各种脱碳技术，人们对碳信用的需求将逐渐消失。可以说，碳补偿只是碳中和过渡期的一项应对之举。实现碳中和的关键是利用碳回收技术。因此，在下一节内容中，笔者将针对碳回收技术进行说明。

碳捕集、利用与封存技术是净零排放的撒手锏
——电装公司和特斯拉公司的动向

近年来，除了控制二氧化碳的排放之外，人们还关注一种回收再利用二氧化碳的技术——碳捕集、利用与封存技术。很多投资者都看好碳捕集、利用与封存技术，这项技术或将带来新的商机。碳捕集、利用与封存也被称为碳循环技术、负碳技术。

碳捕集、利用与封存技术主要有两种，第一种是碳捕集与封存（carbon capture and storage，CCS）技术。联合国政府间气候变化专门委员会于2005年发布了关于该技术的评估报告，之后这种技术开始进入人们的视野，受到关注。此后人们对它展开了长期研究。该技术是在工厂和电厂排放二氧化碳之前就将它们捕集，运送到适合的地层封存起来，并长期稳定储存的技术。

另一种是近年的研究热点——碳捕集与利用（carbon capture

and utilization，CCU）技术。碳捕集与利用技术能够有效利用捕获的二氧化碳，并将其转化为新的产品或能源，提高二氧化碳回收的经济效率，因而备受关注。

在本节内容中，笔者将介绍一项碳捕集与利用技术的案例——汽车零部件大型企业日本电装公司研发的二氧化碳循环设备。此外还要关注的是，特斯拉公司的首席执行官埃隆·马斯克（Elon Musk）正在考虑开发碳捕集、利用与封存业务。

电装公司开展二氧化碳循环装置的概念验证

为了实现2035年达到碳中和的目标，电装公司频频布局，除传统的汽车零部件产品和制造领域外，它还将视线转向了"能源利用"领域。该公司认为，实现碳中和一共要分三步走，分别是：①提高能源利用率（节能）；②从化石能源转向可再生能源；③回收二氧化碳（碳循环）。

在制造领域，电装公司在生产过程中改用可再生能源，同时改良生产设备，使之更节能。此外它还推动设备的电气化改革。不过电气化改革并不容易，像熔炉这种设备很难做到零排放，因此该公司考虑通过技术手段将生产中排放的二氧化碳回收起来并重新加以利用（利用碳捕集与利用技术）。

该公司与丰田中央研究所共同开发了一套二氧化碳循环装

置，该装置能够将工厂产生的二氧化碳捕集回收，并将它们转化为能源或其他材料加以利用。2021年4月7日，电装公司将这套装置安装在爱知县安城工厂的电动开发中心中，并在此地开展概念验证。电动开发中心设立于2020年6月5日，是电装公司为了强化汽车电动化开发，优化电动化生产机制而成立的研发中心。尽管成立时间较短，但是如今电动开发中心已经发展成电动化产品的超前研发、试产、验证、量产的一体化研发中心，它研制的逆变器和电动发电机占据了20%的全球市场。

现在电装公司正在内部的小型发电机上开展二氧化碳循环装置概念验证，它还考虑未来将这种装置应用到铝熔炉等大型生产设备上。

电装公司不仅利用碳捕集与利用技术帮助企业内部实现脱碳，还积极将该技术和相关产品作为新业务推向市场。公司计划在2030年之前发售这款二氧化碳循环装置，争取到2035年该产品销售额达到3000亿日元。

甲烷化技术

电装公司的二氧化碳循环装置的工作原理是什么？图3-11为我们展示了利用二氧化碳循环装置将发电用燃气发动机产生的二氧化碳捕集回收，并加以循环利用的全过程。

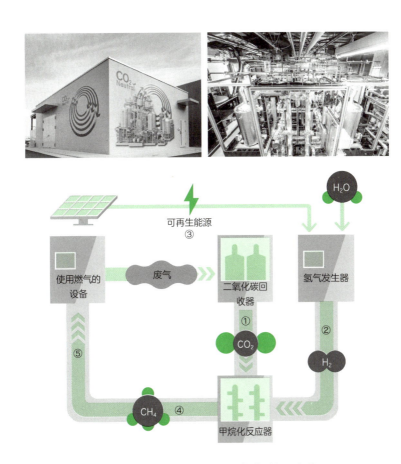

图3-11 电装公司研发的二氧化碳循环设备

资料来源：笔者根据电装公司公开资料制作（部分改动）。

　　二氧化碳循环装置由如下几部分构成：燃气发动机（燃烧甲烷发电）、脱水器（去除燃气发动机废气中的水分）、回收器（回收二氧化碳）、氢气发生器（生成氢气）、甲烷化反应器

121

（利用回收的二氧化碳与制作的氢气合成甲烷，为燃气发动机提供能源）。

利用二氧化碳和氢气制作甲烷（天然气主要成分）的技术叫作甲烷化技术。

上图介绍了利用二氧化碳循环设备循环利用二氧化碳的整个流程。二氧化碳回收器是一种二氧化碳回收设备，它能够回收燃气发动机排放废气中的二氧化碳。通过控制二氧化碳回收器内的温度和压力，将二氧化碳从废气中分离出来，收集到罐中（①）。氢气发生器通过电解水制取氢气（②）。电解使用的电力由安装在工厂内的太阳能发电设备提供，因此在制作氢气的过程中不产生二氧化碳（③）。甲烷化反应器由合成甲烷的催化剂层和控制催化反应温度的油层构成，利用二氧化碳回收器回收的二氧化碳和氢气发生器制备的氢气合成甲烷（④）。将合成的甲烷重新提供给燃气发动机（⑤），实现二氧化碳在设备内部的循环利用。

这样一来，我们可以利用二氧化碳循环装置，把二氧化碳转变为能源进行再利用，实现碳循环。

马斯克为最佳碳捕集技术提供奖金

2021年1月22日，特斯拉公司首席执行官马斯克在推特

（Twitter）上宣布，他将为最佳碳捕集技术提供1亿美元奖金（见图3-12）。

图3-12　马斯克将为最佳碳捕集技术提供奖金

资料来源：推特。

2021年2月8日，美国非营利基金会X奖基金会（X Prize Foundation）宣布，从空气和海水中捕获回收二氧化碳的技术比赛马上开始。X奖基金会举办的前沿技术比赛多与人类命运休戚相关。本次比赛历时4年，奖金为1亿美元，由马斯克和马斯克基金会（Musk Foundation）赞助。全世界的碳捕集技术都可以在这里一较高下。

2021年4月22日，在美国主导的气候变化峰会召开之际，马斯克宣布了将于2021年秋季开始的比赛日程以及评判规则。他要求参赛技术要做到每年能从大气中回收1000吨二氧化碳。

尽快摆脱对碳信用的依赖

事实上，马斯克急于寻找碳捕集、利用与封存技术是有原因的。特斯拉公司在2021年一季度（1—3月）之前连续7个季度都处于盈利状态，它通过销售碳信用获得了大量收益。但是未来碳信用的销售收益或将很快被大幅剥离，因此特斯拉公司必须尽快寻找对策，摆脱对碳信用的依赖。

特斯拉公司是电动汽车制造商，它的一部分收益来自将碳信用出售给燃油车制造商。马斯克此举意味着特斯拉公司要逐渐放弃碳信用业务。原因在于2021年1月1日，菲亚特-克莱斯勒汽车公司和法国标致雪铁龙集团合并成为一个全新的斯特兰蒂斯（Stellantis）集团，而该集团在2021年5月5日宣布为了应对欧盟环境法规，要取消与特斯拉公司签订的碳信用交易合同。

斯特兰蒂斯集团声称2020年已经向特斯拉公司支付了3.5亿美元，这是菲亚特-克莱斯勒汽车公司向特斯拉公司购买的碳信用，用于完成欧盟规定的减排目标。但是今后原菲亚特-克莱斯勒汽车品牌将利用标致雪铁龙集团拥有的电动技术，生产二氧化碳排量较低的汽车，新的斯特兰蒂斯集团已经无须购买碳信用了，所以它要求取消与特斯拉公司的合同。

不仅是斯特兰蒂斯，其他汽车制造商也通过开发电动汽车追赶特斯拉公司，这样一来，特斯拉公司的碳信用收益将进一步减少。不过作为对策，特斯拉公司利用这部分收益扩大电动汽车产能，未来即使不依赖碳信用，它通过扩大电动汽车销量也能改善主营业务的利润。

如前文所述，碳信用是实现碳中和的过渡时期采取的应对之举。要实现净零排放，从中长期看，一定要采用以碳捕集、利用与封存为核心的负碳技术。该技术的开发和应用也得到了汽车行业风云人物马斯克的关注。可以预见，在未来，碳捕集、利用与封存技术的开发和应用将变得更加活跃。

零碳出行
汽车产业的绿色转型指南

第4章

苹果公司进军电动汽车领域意味着什么？

半导体芯片短缺问题产生
——金字塔式的多层级供应商体系崩溃

在前文中，我们对汽车企业如何实现碳中和做了论述。从论述中可以看出，完成范围3的脱碳非常重要。而要在运输阶段实现脱碳，运输车辆一定要是电动汽车。因此，随着世界各地纷纷加入脱碳阵营，未来汽车电动化的趋势将进一步加速。

随着电动汽车的发展，汽车产业结构将发生怎样的变化？以电动汽车为核心的汽车和移动出行企业将提出怎样的价值主张？它们如何提高商业利润，在竞争中生存下去？这些问题都将在本章中进行说明。

没有半导体就无法制造汽车

如今，汽车行业面临着严峻的问题，全球半导体芯片持续短缺，部分汽车制造商被迫关停生产线。笔者先将从这一问题入手，介绍汽车的电动化转型给产业结构带来怎样新的变化，如何促进了横向分工的诞生。

汽车中搭载了大量半导体芯片。如图4-1所示，汽车中使用最多的半导体芯片是被称为微控制器的集成电路（integrated circuit，IC）。它是一种嵌入型计算机，除小型中央处理器（central processing unit，CPU）之外，它还包含了各种输出、输入器件。通常，安装在汽车上的嵌入式计算机被称为电子控制单元。

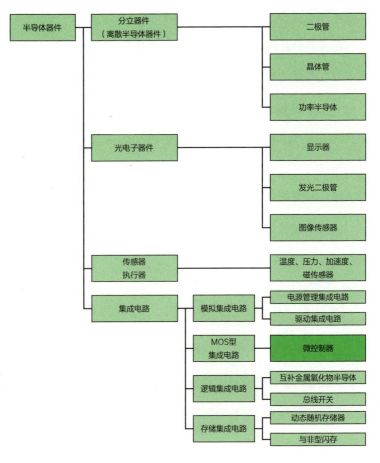

图4-1　半导体器件的主要分类

20世纪70年代，为了符合严格的排放法规要求，业界开始在汽车中安装电子控制单元，利用电子设备控制发动机运行。在汽车的行进过程中，发动机转速、进（排）气时间、燃烧浓度，以及燃烧时间和燃油效率都会受到燃油喷射装置、火花塞、进（排）气装置等机械部件的影响。要对它们进行适当调整，使之能够适应外部环境的变化，需要利用电子控制单元来控制这些机械部件，计算出最佳数值。如今，电子控制单元不仅控制发动机的运行，还控制车辆所有电器元件，包括动力转向、防抱死制动系统、安全气囊、空调和速度计等。近年来，人们经过不断研究，开发出集成电子控制单元（具备多个电子控制单元的功能）并逐渐应用到汽车上。

如今市场上销售的燃油车包括集成电子控制单元在内，一共配备50～100个电子控制单元，高级车则配备100多个。电动汽车的动力源从发动机变成电机，能源从油箱改为电动汽车电池，这样一来电控部分增加了，汽车对电子控制单元的依赖进一步增加。即便是电子控制单元相对较少的燃油车，少了一个电子控制单元都无法正常工作，更不用说极其依赖它的电动汽车了，因此，可以说没有半导体芯片就造不了汽车。近年来，随着电动汽车的发展，市场对半导体芯片的需求持续增长，这导致半导体芯片采购市场的竞争愈发激烈。今后半导体芯片采购难的状况或将常态化。汽车制造商无法采购到足够的半导体芯片，不仅无法进一步提高汽车性能，在竞争出突出重围，甚至连增产都变得困难重重，最终可能因为利润不佳而在竞争中被淘汰。

半导体芯片短缺问题的产生

半导体芯片短缺问题为什么会产生？事实上，半导体芯片供需吃紧的现象几乎每隔一段时间就会出现。随着信息技术的革新，半导体行业每隔3～5年就会出现一次高潮到低谷的循环，即所谓的"硅周期"。

2017—2018年，随着人工智能（AI）和物联网产业的迅猛发展，半导体市场也迎来了史无前例的高速发展时期，行业出现了"超级周期"。除传统的个人电脑、服务器、智能手机之外，许多新兴市场也都如雨后春笋般破土而出，例如智能手机的功能强化、自动驾驶支持系统、物联网在生产现场的应用，以及底层的人工智能技术开发设备、存储大数据的云服务器等。这些都是超级周期出现的背景。

2019年，半导体行业发展出现短暂减速现象，但是从2020年开始又重新进入超级周期中。信息技术产业继续保持高速发展的态势，再加上新冠肺炎疫情的冲击，超级周期变得更加迅猛且强烈。为什么会出现这一现象？原因在于为了应对新冠肺炎疫情，人们限制了社交活动，减少外出，这使得游戏设备销量大涨，在线购物数量骤增，在线视频用户增加，企业需要更多的服务器来满足日益增长的网络需求。其结果是半导体芯片供需越来越紧张，陷入全球性短缺的境地。

车载半导体芯片严重短缺引起的电动汽车领域变化

在半导体芯片普遍供应不足的情况下，车载半导体制造商也接连遭遇厄运。2021年2月中旬，云集了大量半导体企业的美国得克萨斯州遭遇了有记录以来的最冷寒潮，微控制器销售份额占全球第一位的荷兰恩智浦半导体公司和第三位的德国英飞凌公司的工厂遭遇大面积停电，不得不停产。

2021年3月19日，占全球第二大份额的日本瑞萨电子主力工厂——那珂工厂（位于茨城县那珂市）发生火灾。这些事件使得车载半导体的短缺情况比其他行业更加严重，许多汽车制造商不得不暂时关停生产线，对车辆进行减产。尽管恩智浦和英飞凌公司在2021年3月，瑞萨电子在2021年4月分别恢复了生产，但是半导体工厂一旦停产，将需要数月时间才能将良品率提高到停产之前的水平。此外，受到新型冠状病毒肺炎的影响，从2021年6月开始，英飞凌和恩智浦位于马来西亚的微控制器工厂的生产变得不稳定。

尽管苹果公司并未宣布相关消息，但是现代汽车等其他国家的汽车制造商已经透露他们或将为苹果公司生产"苹果汽车"。

此前有人猜测，苹果公司进入电动汽车领域会像苹果手机那样由自己公司开发和设计产品，将生产外包给代工厂。现在苹果公司已经在美国取得了自动驾驶技术专利，很明显，它对电动汽车产业感兴趣。苹果汽车的问世或将领导汽车行业的变革，半导体芯片短缺正在加速这场变革。

震惊世界的中国微型电动汽车
——全球化的先兆

超越特斯拉公司，深受消费者欢迎

2020年7月下旬，中国发布了一款新的电动汽车，震惊了业界。这款汽车名为"宏光MINI EV"（下称"宏光MINI"），是由中国上海汽车集团旗下、通用汽车公司参股的上汽通用五菱汽车股份有限（下称"五菱"）公司开发的一款低价电动汽车。在中国市场上市后，该款车型就大受消费者的欢迎。在电动汽车销量排行榜中，宏光MINI在2020年全年销售了11.9万辆，排在特斯拉Model Y（14万辆）之后，位列第二。但是从月均销量来看，宏光MINI为19875辆，超过了特斯拉Model 3的11660辆。在2021年5月的销售业绩中，宏光MINI以26742辆位居榜首，第二名的特斯拉Model Y为12728辆，第三名的特斯拉Model 3为9208辆。宏光MINI将特斯拉远远甩在身后，并且销售势头还在持续高涨。

宏光MINI大受欢迎的主要原因之一是它的价格。五菱公司擅长制造微型商用车，它觑准时机发布的这款车型是公司首款乘用电动汽车，最低价格仅为2.88万元（约49万日元）。宏光MINI长、宽、高分别为2.9米、1.5米、1.6米[1]，与日本微型汽车大小相同，有三门四座。它可使用家用插座充电，无须安装电动汽车专用充电器，这也是它的一大优势。

作为一款代步汽车，兼具实用性和设计感

这款车价格相对便宜，那么它的性能如何呢？宏光MINI有两种配备锂电池的车型可供选择，按照新欧洲驾驶周期标准，单次充电的续航里程分别为120千米和170千米。尽管后者价格稍高，为3.88万元（约合66万日元），但仍然较为便宜。该车型搭载72马力[2]电机，最高行驶速度为每小时100千米。

---

[1] 宏光 MINI 两厢掀背式电动车，高 1.6 米为编者所加。——编者注
[2] 1 马力 =735 瓦。——编者注

此前市场上也有很多价格低廉的微型电动汽车，但是它们配备的几乎都是铅电池，续航里程只有50～60千米，最高时速也不超过60千米。

这款汽车电池容量保持率良好，续航里程完全能够满足城市代步需求，安全性能维持在符合标准的最低限度，还可以选装空调。

除此之外，它的设计也深受好评。因为个头小巧，易于驾驶，所以容易受到女性消费者的青睐。五菱公司在车展中将这款车的车体和内饰都装饰上动漫角色，更显精致可爱。这样一来，通过社交软件，这款车一下子在年轻女性中传开了，她们觉得把小车打扮成自己喜欢的样子非常可爱。2021年4月，宏光的电动敞篷概念车亮相上海车展，并且一炮而红，吸引了众多消费者的关注。

引进三菱汽车技术的发展之路

2002年正式挂牌成立的上汽通用五菱汽车股份有限公司，是由上海汽车集团、柳州五菱汽车（2015年改组为广西汽车集团有限公司）和美国通用汽车公司三方共同组建的中外合资汽车公司。五菱的前身是1958年成立的柳州动力机械厂，专门生产拖拉机。1981年，微型车生产计划得到广西壮族自治区政府批准之后，该厂开始模仿日本三菱的微型面包车L100（第三代微型面包车），走上了微型汽车生产研发的道路，并成功试制出第一批样车。1984年，产品通过了国家技术鉴定，之后该厂进口模具、制造设备、自动注塑机进行生产。1985年，更名为柳州微型汽车厂，正式进入微型汽车市场。1987年，引进日本三菱制造技术生产LZ110VH和轻型货车LZ110P。自2002年与通用公司成立合资公司以来，五菱还生产通用旗下雪佛兰品牌的部分车型，除中国国内之外，产品还销往南美洲、非洲各地。2015年五菱在印度尼西亚设立工厂，2017年7月开始运营。

因为与三菱汽车公司的渊源关系，再加上后来与通用汽车公司合作，所以五菱在汽车制造方面有着丰富的经验。

深入调研当地居民的生活现状

五菱汽车能够将价格做到最低，是因为它深入研究了消费者的生活现状。五菱在2017年推出了小型电动汽车"宝骏E100"，同时邀请柳州市民进行为期10个月的免费试驾活动。一共有1.5万名市民参加了此次活动，并就1.2万个项目提出了意见。试驾活动非常成功，有70%的参与者购买了该款车型。之后，五菱继续研究居民的需求和驾驶习惯，发现市民的平均通勤距离不足30千米，于是对宝骏E100做了相应的改进，改款之后的宝骏E100外形酷似德国梅赛德斯"奔驰精灵"（smart fortwo）两座电动汽车。

因为宝骏电动汽车使用家庭插座来充电，所以五菱能够以较低成本（与普通电动汽车用的快速充电器相比）在整个柳州市设立充电基站。随着微型电动汽车的迅速普及，当地政府把人行道边原来闲置的空间改造成微型电动汽车停车场。柳州是一个小城市，公共交通工具种类不多，市民的通勤方式通常是自行车或踏板车。如今，便宜又方便的电动汽车迅速将它们取代了。由此可见，宝骏电动汽车得到迅速普及的原因是它大小合适，为市民提供了通勤的新方式。

有了宝骏的经验，再加上对其他地区用户进行了研究，五菱汽车发现市民有很强的第二辆车购车需求，他们希望用第二辆车来代步，包括通勤、接送孩子和日常购物等。于是，五菱专门开发出了宏光MINI，来满足人们的以上需求。

在其他国家也广受关注

宏光MINI深受欢迎，不仅令日本媒体，还令欧美等海外媒体也都大跌眼镜，专门为此做了报道。2021年4月，宏光MINI敞篷概念车亮相上海车展，图片很快传遍了全球。英国广播公司（BBC）、《金融时报》、路透社、美国有线电视新闻网（CNN）、《华尔街日报》、美国消费者新闻与商业频道

（CNBC）、彭博社、福布斯、德国《明镜》周刊等媒体均对此做了报道，而且评价几乎都是正面的。需要注意的是，这些媒体所在的国家中，微型车并没有获得普及，但是它们的媒体却非常关注这款汽车。宏光MINI来自通用汽车的合资工厂，而且比特斯拉还畅销，所以许多评论者都认为，这款车很可能在海外也非常受欢迎。

英国与欧盟各国都在积极发展电动汽车，因此这些国家的媒体对此反响尤其大。它们大多都认为，类似于宏光MINI这种中国制造的低价电动汽车很可能会在欧洲畅销。欧洲汽车制造商协会的调查报告显示，欧盟电动汽车普及率平均为3%，爱沙尼亚、立陶宛、斯洛伐克、希腊、波兰的普及率不足1%。总的来看，这些国家的人均国内生产总值都低于欧盟平均水平。

如果宏光MINI要卖到欧洲，必须获得欧盟整车型式认证，而要达到欧盟安全标准会产生额外的成本费用。欧盟汽车专家估计，宏光MINI如果能进入欧洲市场，其价格将是当下的2倍。但是即使这样，它也具备与欧洲微型电动汽车竞争的实力。

因此，很多欧洲人都对这家拥有三菱汽车和通用汽车公司的技术，且海外销售业绩不错的中国制造商寄予厚望。当然，也有很多企业感到了威胁。

进军欧洲市场，拉脱维亚老牌汽车制造商负责组装生产和销售

宏光MINI在全世界范围备受关注。不仅如此，它已经进入了欧洲市场。2021年4月，拥有152年装甲车制造历史的拉脱维亚汽车制造商达兹（Dartz）汽车公司推出了"弗雷泽"（FreZe）这一电动汽车品牌，将宏光MINI组装成"弗雷泽 尼克罗 EV"（FreZe Nikrob EV）（下称"弗雷泽"）进行销售。达兹公司的首席执行官莱昂纳德·扬克洛维奇（Leonard Yankelovich）在立陶宛开了一家名为"尼克罗UA"（Nikrob UA）的车体制造公司，由这家企业负责弗雷泽的组装生产，并在当地销售。

为了达到欧盟的安全标准，宏光MINI加装了安全气囊和电子稳定控制系统（ESC），而且空调和音响也成为标配。与在中国销售的车型相比，这款海外版本通过增加电池容量，将续航里程扩展到200千米（NEDC标准）。售价为9999欧元（约130万日元），比达契亚最低价的电动汽车还要便宜。据说物流公司对这款车很感兴趣。

弗雷泽已经通过了欧洲安全标准，获得整车型式认证。日本是《1958年协定书》（加盟国对于汽车认证互认的协议）的加盟国，所以如果这款车出口到日本，可以免除检验程序。尽管这款

车是左方向盘汽车，不太可能大量出口到日本①，但是我们仍然要关注它，因为它做到了既满足发达国家的安全标准，在价格上又和日本微型车不相上下，未来可能会成为日本汽车的强劲竞争对手。

提出"打造欧洲最便宜的电动汽车"口号

弗雷泽是一家汽车制造商的名称。1896年，俄国第一个制造汽车的彼得·亚历山德罗维奇·弗雷泽（Pyotr Aleksandrovich Frese）创立了这家公司。大众甲壳虫和梅赛德斯S级轿车的缔造者费迪南德·保时捷博士在1900年的巴黎博览会上向世界展示了为奥地利马车制造商洛纳（Lohner）公司生产的一款电动汽车。仅仅在两年之后的1902年，弗雷泽在圣彼得堡制造了与公司同名的电动汽车，并卖到了里加（拉脱维亚首都）和华沙（波兰首都）。1910年，弗雷泽被位于俄国工业中心里加的汽车和飞机制造商罗索巴尔特（Russo-Balt，RBVZ）公司收购，罗索巴尔特公司后来称为达兹公司。达兹公司致力于复兴弗雷泽汽车，要将这款车推广到欧洲市场。如今，它为弗雷泽打出了"打造欧洲最便

---

① 日本使用的汽车，方向盘在车辆的右侧，车辆靠左侧行驶。——编者注

宜的电动汽车"的标语，从北欧开始打通市场。这或将成为检验
欧洲汽车市场电动化举措成功与否的试金石（见图4-2）。

图4-2　在立陶宛销售的弗雷泽汽车

资料来源：达兹汽车公司。

西班牙电动汽车经销商因维克塔电气集团（Invicta Electric）
于2021年7月21日宣布，弗雷泽将于2021年年底进入西班牙市
场，售价为8995欧元（约115万日元）。中国制造的低价电动汽
车终于将市场版图扩展到了西欧。

打造智能电动汽车，追求用户新体验

2021年4月的上海车展上发布了多款电动汽车。

以往的车展往往是本土品牌发布普通电动汽车，但是本次车
展有所不同，在车展上随处可听到"智能电动汽车"一词，有的
车型与智能家电合作进一步融入城市居民的日常生活，也有像宏

光MINI那样针对年轻女性设计的车型，它们站在客户的角度，尽量满足客户需求。中国汽车制造商正在以一种全新的方式不断发展壮大。

中国大型科技企业也在向电动汽车领域进军。2021年1月，百度（Baidu）公司宣布，它将与中国车企吉利（Geely）汽车集团合作生产电动汽车；2020年11月，阿里巴巴（Alibaba）集团和上海汽车集团宣布合作生产电动汽车；等等。

大型科技公司已经在为小鹏汽车公司、上海蔚来汽车（NIO）公司和理想汽车（Li Auto）公司等快速发展的新兴电动汽车制造商提供服务。从车载娱乐到自动驾驶，电动汽车制造商为客户打造出各种用户体验。他们试图通过这种方式展开差异化经营。

汽车智能化，"价值创造"成为电动汽车市场上新的竞争手段

在上海车展举办前，2021年3月30日，小米科技公司也宣布进军电动汽车领域。小米自称是一家"轻资产"商业模式的互联网公司。除了智能手机之外，它在电饭煲、电动自行车和智能音箱等业务上也采取了这种商业模式，利用软件驱动大量低价硬件，通过服务满足客户各种价值诉求，创造商业利润。在电动汽车领域，小米公司有可能仍然采取将生产外包出去的轻资产型业

务模式。

小米科技公司创始人雷军表示，该公司从2021年1月开始认真调研电动汽车市场，要用高品质的智能电动汽车，让全球用户享受无所不在的智能生活。

随着中国低价电动汽车的正式登场，全球电动汽车市场的风向发生了变化，这也引起了欧美各国的关注。电动汽车的普及比预想的更迅速，而且人们越来越重视质量。电动汽车市场竞争激烈，制造商削减成本，在保证最基本的质量的同时，制定了普通大众也可以承受的价格，使汽车的性价比更高。今后，"价值创造"将成为电动汽车市场上新的竞争手段，制造商借此来及时满足客户不断变化的多样化需求。

"低成本、高价值"，这是打造出宏光MINI的上汽通用五菱汽车公司的经营理念，它一语道破了电动汽车行业的关键。

这种行业激变与智能手机刚兴起时非常相似，尤其苹果公司推出苹果手机时，这种变化表现得更为明显。智能手机企业在加速迈进电动汽车领域。它们如此积极，是因为这些新入行的企业看到了世界的脱碳潮流，它们相信要实现脱碳，必须真正普及终端（电动汽车），这是数字化的核心要素。

随着汽车智能化的加速发展，我们必须在汽车制造方面引进新的理念。

智能汽车

——鸿海精密工业公司进军电动汽车领域

中国制造的微型电动汽车也以代工方式进入日本市场

中国制造的微型电动汽车即将进入日本市场。日本物流公司SG集团旗下的佐川急便公司于2021年4月13日在新闻发布会中宣布，计划把公司用于短距离配送的7200辆微型汽车全部换成电动汽车。尽管佐川急便公司没有发布正式的新闻稿，但是该公司已经确定与中国广西汽车集团合作，由广西汽车集团为它生产配送用的电动汽车。这种汽车属于微型商用货车，续航里程在200千米以上。因为配送基地到目的地距离较短，所以该车型能够满足送货需要。汽车的充电也很简单方便，只需夜间在配送基地充电即可。这款电动汽车是由广西汽车集团旗下的柳州五菱汽车公司制造，它与广西汽车参股的上汽通用五菱汽车是不同的公司，这款车型并不是宏光MINI。尽管如此，如前所述，五菱汽车的制造技术是靠得住的，所以这款汽车很有可能会获得进入日本市场所必需的国土交通省颁发的型式认证。

车辆的设计开发和质保工作由日本AFS公司（电动汽车领

域的初创公司）负责，广西汽车集团接受ASF公司的委托进行生产。ASF公司没有自己的工厂，生产事宜全部委托给代工工厂，属于无生产线设计公司。因为没有自己的工厂，所以可以减少投资，同时能够动态适应市场变化，这些是它的优点。缺点是它必须向代工工厂提供各种信息，另外产品质量管理也比较困难。不过总的来说，如果商用车的档次标准较为统一，而且是面向企事业单位的大宗销售，那么它们的代工门槛要低于普通乘用车。

无生产线设计公司在半导体、智能手机和服装行业较为常见，汽车行业却几乎不采用这种模式。但是如前文所述，如今中国正在全面推广低价电动汽车，全球电动汽车市场正在进入新的发展阶段。在这样一个新的时代，社会将不断涌现出像小米科技公司那样通过委托生产方式获得成功的新兴企业。这将成为新的时代潮流，人们对此已经司空见惯。未来日本市场也将迎来这样的智能汽车。

"软件定义汽车"新潮流

随着电动汽车的加速发展，业界出现了一个新的趋势，它也推动了智能汽车的诞生。这一新趋势就是汽车制造商试图打造出"软件定义汽车"（Software-defined vehicle，SDV）。软件定义汽车指的是由软件决定硬件的变化和更新的汽车。正如智能手机整个终端系统都由软件来定义那样，汽车也即将迎来由软件控制终端的时代。

在传统汽车中，每个零部件中都分散配置有电子控制单元，每个电子控制单元集中了软件和硬件（半导体）。随着汽车各种功能不断发展，电子控制单元的搭载数量增加，线束数量也增加了，汽车结构变得越来越复杂。因为汽车厂商要通过强化安全驾驶支援功能或互联功能来开展差异化竞争，所以零部件之间的协同互联将变得越来越重要，必须对汽车零部件进行统一集成管理。结果，大量单个电子控制单元集中到集成电子控制单元中，由它控制各种组件。电动汽车搭载的零部件比燃油车少得多，需要的集成电子控制单元也相对较少，因此利用软件来对电动汽车进行定义和开发变得更加容易。

此外，为了使汽车自动驾驶功能和联网功能切实且迅速地满足用户不断变化的需求，汽车制造商正在推广一种空中激活（over the air，OTA）技术，使用户能够经常更新安装在汽车中的软件。空中激活技术是一种无线通信技术，在用户认为有必要时，可以通过互联网来更新软件。这种技术已经被广泛应用于智能手机和个人电脑上。

联合国世界车辆法规协调论坛是联合国欧洲经济委员会的下

级组织，其中云集了众多汽车制造商和相关团体。2020年6月，联合国世界车辆法规协调论坛表决通过了关于汽车网络安全性的国际标准和软件升级的统一规定。受此影响，日本国土交通省也于2020年12月宣布，将完善相关法律，帮助上述法规与国内安全标准对接。空中激活技术和软件定义汽车的配套环境已经相对成熟，2020年下半年起，汽车制造商开始积极引入这些技术和机制，这进一步加速了智能汽车的发展。

当汽车变得和智能手机一样时，车型的差异化因素和附加价值将更多地依赖软件。因此，汽车制造商为了抢占先机，开始着手打造车载软件平台（由少数集成电子控制单元控制的车载操作系统）的标准化。就像苹果公司的"iOS"、谷歌公司的"安卓"（Android）那样，丰田汽车公司和大众汽车公司也正在加紧开发自己的车载软件系统"阿伦"（Arene OS）和"大众"（Vw. OS）。

这样一来，和智能手机一样，汽车的硬件和软件会被明显地区分开来。随着智能汽车的发展，汽车的制造方式也会发生变化。

鸿海精密工业公司旨在打造电动汽车开放平台

身处软件定义汽车的新潮流中，在智能手机业务上大获成功的中国台湾鸿海精密工业公司于2020年10月宣布进军电动汽车领域。鸿海精密工业公司是全球最大的电子制造服务代工厂，它为苹果公司代工生产苹果手机，是苹果公司的重要合作伙伴，为苹果公司的迅猛发展作出了重大贡献。

鸿海精密工业公司采用的是横向分工的商业模式，这种模式从产品开发到设计、制造、销售，全部外包给其他公司。与此不同的是，汽车行业多采用垂直一体化业务模式，汽车制造商负责从产品开发到设计、制造、销售，从上游到下游的整个流程。横向分工的典型代表是苹果手机。苹果公司负责智能手机的功能开发、操作系统和部分软件，而生产外包给代工厂，也就是鸿海精密工业公司，手机零件由包括日本公司在内的电子元件制造商负责开发和制造。

鸿海精密工业公司进军电动汽车行业，并设定了一个非常雄心勃勃的目标。鸿海精密工业公司董事长刘扬伟表示，公司的目标是要在2027年获得全球10%的电动汽车销量份额。

为实现这一目标，鸿海精密工业公司与日产汽车公司的合作伙伴之一——中国台湾裕隆汽车（Yulon Motor）公司合资，成立了鸿华先进科技（Foxtron Vehicle Technology）公司，从事电动汽车的贴牌生产（original design manufacturer，ODM）。后来，鸿华先进科技公司宣布要打造电动汽车的生产平台"和谐出行"平台，并组建了"和谐出行"联盟（MIH Alliance）来开发该平台

（见图4-3）。

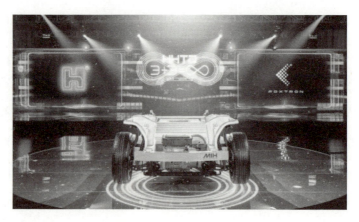

图4-3 "和谐出行"平台

资料来源：鸿海精密工业公司。

2021年1月"和谐出行"联盟邀请中国台湾的郑显聪来担任首席执行官。郑显聪曾任职福特中国副总裁、意大利大型汽车零部件制造商玛涅蒂马瑞利（现马瑞利）的亚洲区负责人以及广汽菲亚特总经理，他还是中国电动汽车制造商蔚来汽车的联合创始人，在中国汽车行业深耕40余年。在福特中国任职期间（1986—2005年），他牵头主导了中国台湾产福特"追踪者"（Tracer，日版马自达3）车型面向加拿大的生产和出口工作。

"和谐出行"联盟首席技术官魏国章同时也是鸿海精密工业公司的首席技术官，在移动互联网领域有20多年的经验，在加入鸿海精密工业公司之前活跃于区块链行业。更早之前，他在苹果公司担任工程师，是为数不多的与已故乔布斯一起开发苹果操作系统（"iOS"和"Mac OS X"）的亚洲人之一。从过往成绩来看，他在中国台湾地区科技界属于知名人物。

成长为庞大的联盟组织

"和谐出行"联盟组建9个月后，已经形成了庞大的规模，足以打造出一个庞大的电动汽车供应链。"和谐出行"联盟召集了来自世界各地的汽车零部件制造商、半导体制造商、云服务供应商和软件供应商等1771家企业（截至2021年7月14日）。

除了亚马逊网络服务公司、英国安谋（ARM）公司、博世公司、宁德时代公司等欧洲、美国和中国的领先企业之外，日本电报电话公司（NTT）、村田制作所、罗姆半导体公司和自动驾驶公司T4级（Tier IV）都将加入该联盟。日本电产公司作为战略合作伙伴也参与其中。

2021年1月，鸿华先进科技的母公司鸿海精密工业公司与电动汽车创业公司拜腾公司合作，数日后的1月13日，鸿海精密工业公司宣布与浙江吉利控股集团（吉利）以对半出资的形式成立一家新的电动汽车公司。2021年5月，鸿海精密工业公司与美国新兴汽车制造商菲斯克（Fisker）公司合作，打造私人电动汽车革命（personal electric automotive revolution，PEAR）项目。两家公司将于2023年10月至12月在美国的新工厂开始量产电动汽车。2021年7月，拜腾公司债权人申请破产手续。原因或为资金链断裂，拜腾公司与鸿海精密工业公司的合作发展前景不明朗。

能力未知，海外扩张的荆棘之路

2021年3月25日，在"和谐出行"联盟成员公司会议上，"和谐出行"联盟宣布计划于2022年开始生产电动巴士，2023年开始生产C级乘用电动汽车。

7月6日，鸿华先进科技与中国台湾房地产企业三地集团、高雄市公交运营商高雄客运公司签署谅解备忘录，宣布未来高雄市内运营的巴士将全部置换成鸿华先进科技基于"和谐出行"平台制造的电动巴士。这将是该公司2022年的首款量产电动汽车。

2023年的C级电动汽车指的是与美国菲斯克公司共同开发的电动汽车。

但是"和谐出行"联盟能否实现其在2022年和2023年大规模生产电动汽车的雄心计划？目前"和谐出行"平台的能力尚未可知。

长期以来，日本业界也一直在关注和讨论电动汽车的兴起以及由此带来的横向分工的必然性问题。然而，对于横向分工所要求的开放化和标准化风险投资很多都失败了。

即使可以制造出原型车,但要证明它的可靠性、耐用性和安全性,获得型式认证并将其商业化是极其困难的。日本曾经有一家名为西姆汽车技术(SIM-Drive)公司的电动汽车制造商,它的目标旨在开放化和标准化,但最终一辆汽车都没有量产就解散了。

汽车制造商必须制造出大量汽车,进行碰撞安全和驾驶测试,完善设计,使其适合大规模量产。他们还要考虑汽车定价,使它各方面都更合理。这是通往汽车量产的必经之路,而这条道路对于新进入者来说是极其困难的。打造了垂直一体化正统汽车业务的特斯拉公司,也是从这条荆棘之路走过来的。

由于汽车与人的生命密切相关,所以必须保证它是安全的,车企一定要掌握安全的、令人放心的、高品质的量产技术。这些要求与智能手机完全不同。尤其是在安全标准严格的国家和地区,生产和销售汽车并非易事。

鸿海精密工业公司的半导体采购能力将是利器

鸿海精密工业公司要利用"和谐出行"平台,采取横向分工业务模式在电动汽车市场上取得成功,需要与经验丰富的汽车厂商合作。

目前，菲斯克公司是与鸿海精密工业公司有合作关系的汽车制造商之一。

鸿海精密工业公司有机会获得因半导体采购不足而导致利润恶化的汽车制造商的产能。在鸿海精密工业公司与菲斯克公司的合作中，鸿海精密工业公司董事长刘扬伟称："与菲斯克公司的合作完全符合鸿海集团新技术、新领域平台战略，与菲斯克公司的合作，加上'和谐出行'联盟，我们将能够串联起世界各地的供应商，特别是能够提供稳定的汽车半导体芯片，从而打造全新的电动汽车产业出海口。鸿海精密工业公司将全力支持这一新项目。"

汽车制造商在追赶汽车电动化潮流方面已经力不从心，如今他们又遇到了半导体芯片采购困难这一长期的结构性问题。一方面许多汽车制造商加速向电动汽车转型，希望采购到足量的半导体芯片。另一方面鸿海集团是苹果公司的重要合作伙伴，而苹果公司是全球半导体芯片采购能力较强的公司。种种因素之下，汽车制造商选择与鸿海精密工业公司合作也是合情合理的。大型车企能够投入足够的资金来发展电动汽车和采购半导体，但是中小型车企很难做到这些。因此，它们可能会与鸿海精密工业公司这种从事横向分工业务的公司合作，利用自己的部分工厂进行代工生产。

迈向垂直一体化与横向分工并存的时代

有很多观点认为，随着电动汽车的发展，汽车行业的业务模式将发生变化，就像家电行业那样，从垂直一体化模式转变为横向分工模式。

我们应该采取哪种业务模式不能一概而论。从中长期来看，横向分工更符合时代发展趋势。

几十年后，如果安全的完全自动驾驶电动汽车能够普及，业界对于碰撞安全技术要求水准或许会发生变化，行业进入壁垒或将得以消除，届时横向分工业务模式或将占据主导地位。不过在此之前，垂直一体化模式与横向分工模式会同时并存。

脱碳行动助推汽车"铁路化"转型，带来振兴地方经济的新机遇

或许还有另一种情况。在自用乘用车领域，继续沿用垂直一体化模式；而商用车因为运行路线和充电位置相对固定，电动化发展迅速，所以开始采用横向分工业务模式。

因为铁路各个系统都通过信息技术连接起来（connected），它几乎是自动驾驶（autonomous），且众多乘客共享服务（shared），同时铁路还使用电动机车（electric），所以铁路是"CASE"的典型

例子。大部分乘客不会根据铁路车辆制造商来选择乘坐哪辆车，他们只会选择满足自己的出行需求的铁路公司和线路。

汽车制造商追求"CASE"，他们制造的汽车将越来越像"铁路车辆"，企业的运营模式将逐渐向铁路公司靠拢。

随着商用电动汽车的普及和汽车的"铁路化"转变，汽车行业的横向分工比例将增加。

那么汽车制造商可以在哪些地方发挥他们的优势呢？答案是它可以像铁路公司那样，提供满足地区居民要求的、密切融入当地发展的电动汽车服务。在日本，各地对于微型电动汽车的潜在需求很大，汽车制造商可以通过各种方式来振兴地方经济（参考第5章）。

电动汽车的新价值主张
——特斯拉公司进军家用空调领域

我们需要改变针对汽车的思维定式，制造汽车不仅仅是物的创造，它更是一种价值的创造。如何创造价值？有两种方法，一种方法是追求附加价值。正如前文所述，宏光MINI汽车是一款站在用户角度巧妙追求附加价值的车型。五菱汽车独树一帜的价值主张是压缩成本，努力为客户提供物美价廉的电动汽车。

另一种方法是利用电动汽车打造新的生态系统，最大化提升电动汽车用户的使用体验。

利用网络空间，最大限度提升电动汽车用户的使用体验

包括特斯拉公司在内的电动汽车制造商在寻求新的价值主张，以最大限度地提高电动汽车用户的使用体验。笔者将在图4-4中再次利用第1章使用过的图进行说明。

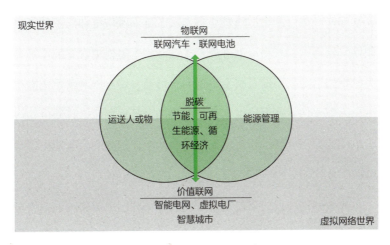

图4-4　电动汽车的用户体验

我们需要先明确电动汽车客户（包括企业和个人用户）对用户体验有怎样的要求。他们的诉求有两点，第一是运输，即运送人和物；第二是能源管理，即能源的高效利用。这两项用户体验

的交汇点是"脱碳"，人们希望通过节能、利用可再生能源和构建循环经济等方式来实现这一目标。

针对顾客对用户体验的诉求，电动汽车制造商在利用现实空间与虚拟空间（互联网），为用户提供更好的服务，满足他们的需求。

电动汽车电池积蓄了能量，而这些能量是可交易的数据，因此电动汽车制造商应该先以电动汽车电池为中心，将电池生命周期上游的电池材料厂商、生命周期下游的可再生能源电力供应商联系起来。然后利用区块链等数字技术确保供应链和能源的可追溯性。这样做会获得以下好处：①电动汽车电池中含有的钴等冲突矿物的道德采购信息将变得透明且可靠；②可以对碳足迹进行生命周期评估；③促进电动汽车电池的循环再利用，打造电动汽车电池的循环经济；④将电动汽车电池中储存的剩余电能出售给电网。

要做到这一点，需要通过现实世界物联网中的联网电动汽车和电动汽车电池，在网络世界中以价值联网（internet of values，IOV）的形式打造出它们的数字孪生。网络空间中的人工智能和大数据会给出一个解决方案，数字孪生把这些解决方案反馈给现实世界（电动汽车、电动汽车电池）。

这样一来，我们可以实现以下价值：①向监管机构证明道德采购，并推动用户的道德消费；②创造碳信用并在销售中赚取利润；③通过提高电动汽车电池的价值评估精度和转售价格来提升二手车（以旧换新）售价；④通过电动汽车电池剩余电量的对等网络（个人到个人）交易获得售电收入，并提高电动汽车的资产价值。

在很多情况下，以电动汽车和电动汽车电池为核心的新价值创造离不开智能电网和虚拟电厂，这也将帮助我们打造智慧城市。

尽管迄今为止所描述的新价值创造方法仍处于概念验证（proof of concept，PoC）阶段，不过社会推广和商业化的实现却近在咫尺，在此背景下，电动汽车制造商已经开始行动了。

瞄准家用空调市场的马斯克

"我们可能明年就会着手开展家用空调的项目。"

2020年9月22日，在特斯拉公司股东大会的"特斯拉电池日"活动中，首席执行官马斯克在问答环节中作出以上表示。

特斯拉电动汽车的空调一般为电热式，但在2020年上市的运动型多功能汽车"Model Y"中首次采用了热泵式空调。除通过去除空气中的灰尘和污垢来清洁空气的高效空气过滤器外，热泵式空调也是特斯拉公司自己研发的产品。新的空调体积小，效率高，无论严寒酷暑，在任何环境下都能使用。特斯拉公司以前就有过将这款车载空调改为家用的想法，马斯克的上述发言验证了这一点。

在电动汽车中采用热泵式空调具有重要意义。燃油车利用发动机的废热来供暖，但是电动汽车没有可以利用的热源，它们往往需要用电来采暖。在电热式空调中，使用暖风意味着电力的消耗，这将导致汽车续航里程大幅缩短。而热泵式空调利用制冷剂与外部空气之间的温差取暖，用电少，制暖效果好，它所消耗的电力要少于电热式空调。世界上首次采用热泵式空调的电动汽车是日产聆风。

此外，特斯拉公司还首创"八通阀"（octovalve）技术，在计算机控制下将制冷剂的流量分配到八个方向，从而优化管理整个车辆系统的冷却和加热功能，这项技术也被应用到"Model Y"中。创新性热控技术的超强研发能力是马斯克踏足家用空调领域的信心保障。

特斯拉公司于2015年推出家用蓄电池"能量墙"（power-wall），并于2020年开始进入日本市场。在光伏发电领域，特斯拉公司在2016年收购美国太阳城（Solar City）公司来强化自身能源业务。将太阳能电池板、储能、电动汽车和节能空调结合起来，可以提高家庭整体能源使用效率。在特斯拉公司打造的以电动汽车为核心的生态系统中，特斯拉公司提供了从发电（太阳能电池板）到储能（电动汽车电池和家用蓄电池）再到放电（电动汽车和家用空调）的全领域能源管理（电动汽车用户体验之一）业务。

出售剩余电力将提高电动汽车的资产价值

"特斯拉公司的家用空调将与汽车'对话'。"

这是马斯克在上述"特斯拉电池日"会议中的发言。该公司要做的是通过热泵空调的节能技术来降低特斯拉公司用户的电力消耗，实现住宅和电动汽车之间的电力负担平衡，最大程度提升用户体验。

在智能电网中，人们在积极采用"车辆到住宅"和"车辆到电网"技术。简单来说，夜间电价比较低，所以人们在夜间给电动汽车充电。白天电价较高，电动汽车在保证正常行驶的同时，将剩余电力卖给住宅和电网。在区块链行业，人们正在针对"车辆到万物"下的电力和数据的智能合约问题等进行技术开发和标准化工作。"车辆到万物"中包含了"车辆到基础设施"，即车辆与设置了非接触式充电器的停车位、道路等基础设施之间的"对话"。未来，电动汽车将化身为行走的充电池，它们以对等网络或者"一台终端到另一台终端"的方式，将剩余电力出售给住宅或智能电网。这样一来，电动汽车在用户保有期间成为一种资产，能够创造出经济价值。节能技术使电动汽车能产生更多剩余电力用于交易，进而提高电动汽车的资产价值。电动汽车资产价值的提高，可以减轻用户购车的负担，使他们更容易去购买新车。

在美国家庭中，家用空调消耗的能源较多，占家庭能耗的一半以上（见图4-5，右图）。因此，马斯克试图将汽车空调的节能技术应用到家庭中，通过能源管理，最大限度地优化特斯拉用户的使用体验。另外，车载空调的家用化转型，能够扩展特斯拉公司的业务发展空间，尤其在美国，这一市场将相当广阔。

图4-5　特斯拉公司通过管理发电、蓄能和放电（左图），提高住宅空调的使用效率（右图[①]）

资料来源：特斯拉公司、美国能源信息署。

---

① 图中数据与原书保持一致。——编者注

大金公司或将凭借突破性制冷剂技术进军电动汽车领域

全球最大的空调制造商之一大金公司开发了一种用于电动汽车空调的高节能制冷剂。无论电动汽车电池是什么类型,该技术都可以大幅降低空调的耗电量,并将电动汽车的续航里程最多延长50%。这一突破性技术受到电动汽车业界的广泛关注。

2021年6月16日在空调行业新闻网站"制冷邮报"(Cooling Post)上发表的一篇文章证实了这一点。大金公司的德国子公司在领英(Linked In)上也发表了相同的文章,这说明该文章的内容已经获得大金公司的官方认可。

大金公司新研发的制冷剂"DIV140"通过改良材料,将沸点降至零下40摄氏度,比传统产品低10至15摄氏度,成功减少了压缩所需的电力。目前,用于电动汽车空调的主流制冷剂是美国霍尼韦尔(Honeywell)公司和科慕(Chemours,原杜邦公司)公司共同开发的"HFO-1234yf"。"DIV140"是将新材料"HFO-1132(E)"(占比23%)与"HFO-1234yf"混合制成的制冷剂。大金公司已经在美国取得了"HFO-1132(E)"的制造方法专利。

大金公司已经向美国采暖、制冷和空调工程师协会申请了

"DIV140"实际应用所需的认证，并计划在拥有众多车企会员的国际自动机工程师学会进行空调运行性能和安全性检测。它的目标是在2025年将产品推向市场。

续航里程问题是电动汽车普及的障碍之一。这一问题将有望通过利用热泵和新制冷剂等热管理（提高热效率）方式来解决。

大金公司虽然是全球领先的制冷剂制造商，但它并不生产车载空调。如今，特斯拉公司正在从车载空调转向家用空调，而大金却反其道而行之，从空调转战电动汽车市场。提出电动汽车新价值主张的大金公司，很有可能采取跨行业合作的形式，寻求包括特斯拉公司在内的电动汽车厂商合作。

由此可见，大量企业都在致力于为电动汽车用户提供最好的使用体验，它们既包括现有的汽车相关企业，还包括帮助我们提高能源管理水平的、来自不同行业的新参与者。在长于节能技术的日本，许多公司都有能力参与到以电动汽车为核心的新生态中，只是它们如今还没有被发掘。

苹果汽车
——循环经济与区块链溯源

尽管苹果公司尚未宣布相关消息，但该公司早在2014年就启动了自动驾驶汽车开发项目"泰坦计划"（Project Titan），从零开始设计自己的汽车，并已经获得了多项与汽车相关的专利。

苹果公司正在研发的电动汽车被业界称为"苹果汽车"。2021年1月，韩国现代汽车公司曾经发表官方评论称自己正在与苹果公司接洽。尽管随后它撤回了这条评论，但是苹果造车已经成为"公开的秘密"了。对于实行横向分工业务的苹果公司来说，现代汽车将是它的一级供应商，所以苹果公司与现代汽车的接洽应该是在走选择零部件供应商的程序，也就是说苹果公司正在对候选供应商提出报价请求。如果是这样，那么苹果公司或将在几年以后开始量产苹果汽车。无独有偶的是，在部分企业盛传苹果公司造车消息的2020年年末，路透社援引一位匿名消息人士的说法，称"苹果公司最晚2024年之前会量产苹果汽车"。

本节内容我们将围绕苹果公司进军电动汽车领域，生产出怎样的"苹果汽车"展开讨论。从苹果公司的业务动向分析，苹果汽车的价值主张或将是脱碳和可持续发展目标。要实现这两项价值主张，笔者认为，关键是要在苹果公司及其供应商中构建循环经济，同时确保供应链的可追溯性。那么具体应该采取哪些措施呢？本节将就此作出说明。

目标是我们生产的产品将不再消耗地球资源

在2021年2月23日在线举行的年度股东大会上，苹果首席执行官蒂姆·库克（Tim Cook）在问答环节被问及公司的气候变化对策。早在2020年7月，苹果公司就宣布将在2030年之前实现碳中和，即生产过程的二氧化碳净零排放。在此次股东大会上库克又宣布了一个新目标。

"另一个大目标是有一天我们生产的产品将不再消耗地球资源。"

库克强调，2020年苹果公司产品中更多使用再生铝，新款苹果手机中稀有金属的回收率达到了100%。具体来说，根据苹果公司的环保报告，2020年发布的16英寸（1英寸≈2.54厘米）笔记本电脑"MacBook Pro"大幅增加了回收铝材的数量，发布的智能手机和智能手表中100%使用钨以及钕、镝等富有磁力的稀土元素回收材料。

毫无疑问，苹果公司将非常重视在苹果汽车所用材料方面打造循环经济。

致力于闭环回收

苹果公司在气候变化对策方面的领导者是丽莎·杰克森（Lisa

Jackson），她曾于2009年至2013年担任美国环保署行政长官，2013年卸任后，她于2014年加入苹果公司，自2015年起担任副总裁，受首席执行官蒂姆·库克的直接领导，负责环境、政策和社会倡议方面的工作。

2018年，苹果公司全球业务活动所用电力全部使用可再生能源发电，并且自2019年以来苹果公司已将范围2中的二氧化碳排放量减少到零。杰克森拥有普林斯顿大学化学工程硕士学位，曾经做过工程师。在她的带领下，苹果公司正在努力追求制造业的创新，同时建立循环经济，争取实现2030年碳中和的目标。

在苹果公司的各种环境对策中，最为雄心勃勃的举措之一是特殊材料闭环回收技术的研发和应用。2019年4月发布环境报告时，苹果产品使用的金、钨、铜等金属中，约有90%是回收材料。它自主研发的回收机器人"黛西"（Daisy）能以每小时200台的速度分解15种废旧苹果手机，并将其中的关键材料进行回收再利用。

此外，苹果公司利用苹果产品以旧换新计划，从旧设备中回收铝材，再利用最新技术制造成铝合金，用作部分产品的机身外壳。通过回收利用，苹果产品机身外壳的碳足迹减少了一半。

实现铝冶炼过程的无碳化

苹果公司在制造无碳铝部件方面尤为活跃。2018年5月，铝业巨头美国铝业（Alcoa）公司和力拓（Rio Tinto）集团在加拿大成立合资企业艾丽希斯（Elysis）公司，致力于实现铝冶炼过程中二氧化碳零排放目标。在公司成立的同时，苹果公司、加拿大政府和魁北克省政府展开合作，共同投资了1.44亿美元用于上述技术研发。2020年这项技术投入应用。同年发售的16英寸新款"MacBook Pro"的机身外壳就应用了这项技术。

美国铝业已经开始了面向汽车行业的业务，它从2021年3月开始为奥迪德国工厂生产的电动新能源车（e-Tron GT）提供一种特殊的铝合金材料，这种铝合金使用了艾丽希斯公司的冶炼技术。

苹果公司或许也会在苹果汽车的铝部件中积极采用无碳技术。它可能会选择应用了艾丽希斯公司无碳冶炼技术的铝合金，还可能对日产汽车公司的门内板等大型零件闭环回收技术感兴趣。

或将在奥地利生产苹果汽车

美国加利福尼亚州前州长阿诺德·施瓦辛格（Arnold Schwarzenegger）成立了一个与气候变化相关的环保倡议组织，召集世界各地的全球企业管理人员在维也纳召开会议。2021年7月2日，杰克森在阿诺德·施瓦辛格主持的"奥地利世界峰会"上亮相。

杰克森曾是美国民主党议员，而施瓦辛格曾是美国共和党议员。在担任美国环保署行政长官期间，杰克森曾与时任加利福尼亚州州长的施瓦辛格有过接触。事实上，施瓦辛格出生于奥地利施蒂利亚州格拉茨，1968年移居美国。格拉茨是麦格纳斯太尔（Magna Steyr）公司的总部所在地，那里有它们的代工制造工厂，历史上作为汽车之城而在中欧享有盛名。麦格纳斯太尔的母公司麦格纳国际（Magna International）集团的首席执行官弗兰克·斯特罗纳克（Frank Stronach）也来自格拉茨。他在北美地区取得了成功，而且在奥地利也经营着巨头企业，在该国声望颇隆。

目前，关于苹果汽车会交由哪家公司生产，以及在哪里生产的谣言和猜测不断。在欧洲，无碳可再生能源的采购相对方便，循环经济正在稳步推进。苹果汽车的生产是否会外包给奥地利的麦格纳斯太尔公司？美国已经建立无碳铝和重要材料的闭环回收机制。苹果汽车会不会交由美国的其他代工工厂或汽车制造商来生产？苹果汽车的首次量产大概率会选择欧美地区。无论选择哪里，正如苹果手机淘汰掉功能手机一样，苹果汽车也可能会打破汽车行业的秩序。对于这样的苹果汽车，世界充满了期待和不安，而且这种状况或将持续下去。

零碳出行
汽车产业的绿色转型指南

第 **5** 章

化危机为商机——给日本的建议

顺应时势积极发展电动汽车，创造就业岗位

日本的政策制定者、汽车从业者和即将加入电动汽车产业的人，他们正处于脱碳时代的风口浪尖，致力于创造日本移动出行的未来。在本章中，笔者将向他们提出一些建议，为汽车行业走出困境提供基本理论框架。

日本应顺应汽车电动化潮流

在汽车行业，一直以来，企业都是通过提高发动机燃油效率来推动行业的进步，但是改善的空间越来越小。2021年汽车电动化问题达成全球共识，这进一步加速了汽车电动化趋势。

我们必须牢记，日本的汽车行业从历史上看是后来者，在全球汽车电动化潮流中存在感很低。汽车发源地是欧洲，而将其作为一个产业大力发展的是美国，这是不争的事实。当今中国是世界最大的汽车市场。根据世界汽车组织的汇总数据，2020年日本汽车市场的销量达到460万辆，占全球总销量（6951万辆）的7%。欧盟和英国合计销量1408万辆、美国1445万辆、中国2531万辆。相比而言，日本销量份额较少。

从生命周期评估的观点来看，电动汽车在脱碳方面不如燃油车（包括混合动力汽车），而且日本在电能构成上处于劣势，因此许多日本汽车制造商对于日本政府迅速推动汽车电气化表示了担忧。日本政府认识到脱碳是世界趋势，而汽车电动化转型则是实现脱碳的主要手段之一。日本需要迅速发展电动汽车来突破行业困境。

在脱碳名义下的就业争夺战

欧美地区试图通过汽车电动化转型来创造更多就业机会，日本也须通过汽车电动化转型来创造更多就业岗位。

2020年，日本汽车产量为807万辆，出口数量为374万辆，占生产总量的46%。从出口目的地来看，面向欧美国家的出口量占了不到一半，如果加上出口到中国的汽车，则占据整个出口份额的半数以上。也就是说，日本汽车产量的四分之一出口到电动汽车迅速发展的地区。从中长期来看，这些地区对燃油车的需求将逐渐减少。

一般来说，汽车制造商的盈亏临界点作业率为70%～80%。如果无法将盈利的电动汽车出口到电动汽车推广国，那么国内汽车工厂的开工率将跌破盈亏平衡点，陷入亏损。

海外更容易获得可再生能源，因此有能力在海外生产的企业都会推动产能的海外转移，而无法进行海外转移的工厂则被迫裁员。如果日本逆电动化潮流而上，那么即使能够生产出汽车，也会因为减产导致利润丧失而不得不裁员。因此，要保住就业，就必须发展电动汽车。

在欧美发起的碳中和运动中，政府要打出电动汽车与可再生能源发电的组合拳

图5-1显示了日本汽车行业的就业规模，2020年，汽车相关就业人口为542万，占日本总人口的8.1%。

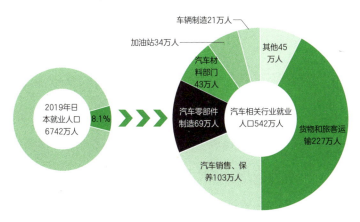

图5-1 汽车电动化转型将削减汽车零部件制造岗位

资料来源：笔者根据日本汽车工业协会"日本汽车产业2020"统计数据整理而成。

最有可能受日本汽车电动化转型影响的是汽车零部件制造行

业，该行业的从业人口有69万。随着燃油车被电动汽车取代，汽车将不需要发动机零部件、驱动器、变速器、控制部件等，燃油车中的约3万个零部件将减少40%。虽然无法确切计算出69万人中的多少人参与制造这些零部件，不过粗略按照69万人的40%计算，大约28万人会因此失去就业岗位。这一规模是相当庞大的。

为了最大限度减少因零部件需求减少导致的失业，企业可以通过人员转岗和经营转型来保护就业，国家和地方政府也会通过制定政策来支持企业改革。企业改革和政策支持无法覆盖和保护所有就业岗位，那些丧失的就业岗位主要通过电动汽车带来的新就业需求来填补和吸收。这些新的就业需求主要集中于可再生能源领域。

图5-2显示的是国际可再生能源机构汇总的、全球可再生能源装机容量和可再生能源就业人数。这些数据是国内外决策者的重要参考资料。可再生能源装机容量从2012年的459吉瓦增加到2019年的1348吉瓦，同一期间可再生能源就业人数从469万增加到860万。根据这些数据可以计算出，2019年全球平均每1吉瓦可再生能源的就业人数（就业系数）约为6400人。而在生产效率高、劳动力成本高的日本，该数字低于全球平均水平，只有约2700人。

图5-2　提供就业岗位的可再生能源行业

注：1.除了水力发电和太阳能空调之外；

2.生物质指的是包括液体、固体生物燃料和沼气在内的生物能源。

资料来源：笔者根据国际可再生能源机构数据库资料创建。

日本的目标是在2050年实现碳中和，并将可再生能源在电能构成中的比例提高到50%～60%。太阳能发电和风力发电将带动可再生能源的利用，日本经济产业省估算，从2019年到2050年，太阳能发电装机容量将从61吉瓦增加到260吉瓦，风力发电将从4吉瓦增加到90吉瓦。算下来太阳能和风电总装机容量将增加285吉瓦，会带来77万（285吉瓦×2700人/吉瓦）个新的就业岗位。事实上，现有的太阳能电池板将在2050年达到使用寿命，需要更换新的电池板。制造和安装电池板又会提供部分就业岗位。因此可以预见，碳中和政策可能会带来超过77万个新的就业岗位。

尽管扩大可再生能源带来的就业岗位并非全部流向汽车行业，但是政策制定者知道如何通过人员转岗、经营转型和发展可再生能源来为因汽车电动化转型而失业的人提供充足的就业岗位。

因此，笔者认为日本可以效仿欧美地区，推广电动汽车，以增加更多就业岗位。碳定价是实现碳中和的过渡措施。要利用碳配额交易促进创新和增加就业，政府应该打出电动汽车和可再生能源发电的组合拳。

日本应该借鉴凤凰城和德累斯顿的经验，打造"半导体和电动汽车城"

欧美各国积极发展电动汽车。在半导体产业的集中地，电动汽车产能正在不断扩大，新的工厂陆续建成开工。这一切离不开国家和地方政府的推动作用，它们邀请海外企业前来投资建厂，汇聚各种尖端产业群，以此促进当地的就业。在各方努力之下，半导体产业群与新兴电动汽车产业齐头并进，共同发展。这一点非常重要。

在美国亚利桑那州，得益于20世纪上半叶的罗斯福新政，人们在科罗拉多河上积极修建大坝，因此该地电力供应充足。以通用电气公司为代表的电机产业和霍尼韦尔（Honeywell）公司、洛克希德·马丁（Lockheed Martin）公司、波音（Boeing）公司为代表的军事、飞机产业都利用该地优势，建立了核心工厂。美国代表性制造企业在此地建立起高科技产业的基础。

自20世纪70年代后半期以来，亚利桑那州半导体产业云集，被称为"硅漠"（Silicon Desert），州首府凤凰城（Phoenix）近郊的钱德勒（Chandler）设有英特尔的微处理器工厂和恩智浦的微控制器工厂。1999年从摩托罗拉的半导体部门分拆而成立的大型半导体制造商安森美半导体（Onsemi）也将总部设在了凤凰城。

英特尔公司从1980年就开始在钱德勒生产微控制器。2021年3月，公司宣布将投资200亿美元在钱德勒新建两座工厂，扩大产能，工厂计划于2024年投产。此外，台积电也在2020年5月宣布将投资120亿美元在凤凰城设立新工厂，并计划于2024年投产。

新兴的电动汽车制造商也纷纷向亚利桑那州伸出橄榄枝。美国路西德汽车（Lucid Motors）公司在凤凰城近郊的卡萨格兰德（Casa Grande）建立了工厂，并于2021年春季开始生产原型车。美国洛克汽车（Local Motors）公司2007年创立于钱德勒，是一家使用3D打印机制造车身的自动驾驶汽车制造商。加拿大汽车制造商伊莱克特拉·梅卡尼卡（Electra Meccanica）公司将开发一款三轮电动汽车，它于2021年5月着手在凤凰城附近的梅萨（Mesa）建造新工厂。亚马逊旗下的里维安公司也考虑在梅萨建立新的工厂。

　　台积电表示将在亚利桑那州的高科技领域创造超过1600个工作岗位，英特尔公司也宣布长期将创造1.5万个工作岗位。美国政府正不断游说外国半导体公司到美国投资建厂。亚利桑那州政府将进一步强化当地大学的人才培养项目，并为半导体公司员工的子女设立学校。政府对于新兴电动汽车企业给予税收方面的优惠政策，企业在亚利桑那州制造电动汽车并在州外销售时，政府将大幅削减其企业所得税。如今，在半导体短缺问题日益严重的背景下，紧邻半导体工厂也成为该州吸引新兴企业的优势之一。

　　德国萨克森州德累斯顿拥有欧洲最大的半导体产业集群，以此为中心形成的"萨克森硅谷（Silicon Saxony）"备受瞩目。1955年，第二次世界大战后被派往苏联进行核开发的维尔纳·哈特曼博士（Werner Hartmann）在德累斯顿建立了电子物理研究所，以此奠定了德累斯顿的半导体产业基础。民主德国政府为了赚取外汇非常重视半导体和电子设备产业的发展，在支持电子物理研究所研发半导体的同时，还培育了计算机、通信设备和打印机等电子设备产业，将商圈扩大到东欧。西门子公司、美国超微半导体（AMD）公司分别于1994年、1995年在德累斯顿设立了半导体制造工厂。1999年，西门子公司将其半导体制造部门剥离，成立了英飞凌科技公司，并在德累斯顿设立了该公司最大的工厂。萨克森硅谷目前拥有大约2300家企业和大约6万名员工，这些企业大部分都是半导体相关企业。

欧盟和德国联邦政府为了创造更多就业岗位，构建更加坚固的经济安全保障，正在加紧强化萨克森硅谷的半导体生产。2021年6月，博世集团投入10亿欧元在德累斯顿开设了一家新的半导体工厂。这是该公司的单笔最大投资，德国政府也为该工厂投资2亿欧元。一般来说，欧盟对于成员国企业的补贴有严格限制，不过此次欧盟方面非常重视博世公司的新工厂，把它当作"欧洲共同利益重要项目"（IPCEI），因此破例提供了德国政府补贴。

2021年7月26日台积电董事长刘德音表示，该公司已经开始研究在德国建立新的半导体工厂。对此，业内人士普遍认为德累斯顿将是最有可能的选项。

电动汽车行业也在萨克森硅谷周边地区进行基础搭建工作。茨维考与德累斯顿一样，都隶属于萨克森州。大众集团在其位于茨维考的两家工厂生产旗下电动汽车的主力车型。德累斯顿以西200千米的爱尔福特市设有宁德时代公司的新工厂，以北200千米的柏林，特斯拉公司在欧洲的第一家工厂即将投产。这些都是德国政府、图林根州政府和柏林市积极吸引优质海外公司的成果。

日本也需要有凤凰城和德累斯顿这样的"半导体和电动汽车城"。在本章最后一节内容中，笔者将尝试提出一个解决方案，即在台积电投资候选地熊本县设立电动汽车工厂。

日本产电动汽车的出口战略

要搭乘全球汽车电动化转型的东风，我们必须重新定义日本产电动汽车的价值主张。在内需方面，要先发展微型电动汽车，振兴区域经济。在外部需求方面，世界上最高水平的电动汽车供应商都集中在亚洲，我们可以利用这一区域特点，充分发挥亚洲范围内的采购优势，将日本生产的电动汽车销售到全世界。

这是将危机转化为商机的好机会，只是破局的暗示还没有被日本人发现。

微型电动汽车是振兴地方经济的关键

"今后将是乡村的时代"。

这是2019年12月铃木汽车公司铃木修（时任董事长）在静冈县挂川市举行的全国轻卡集市大会中的发言。微型汽车是人们在小城镇和农村出行的代步工具，需求量非常大，它能为当地带来更多可能性，是振兴地方经济的关键。尽管铃木修在讲这番话时，电动化潮流还没有波及微型汽车，但是我们可以预见，微型汽车进行电动化转型之后，其潜力会变得更大。可以说，日本汽车产业电动化转型的关键就在于微型电动汽车。

农村加油难问题导致当地生命线脆弱

在日本汽车工业协会开展的"微型汽车使用情况调查"中写明了微型汽车的存在意义：它是购物、上学、上班的移动工具，是前往医院、金融机构等公共服务机构的交通手段，已经成为人们生活中不可缺少的一部分。尤其在人口密度较低的农村，那里公共交通不便，微型汽车被视为当地居民的生命线。

对大多数农村居民来说，尽管微型汽车已经成为生活中不可或缺的社会基础设施，但是其中仍存在很大的问题。越来越多的加油站陷入经营困境，甚至陆续倒闭。不少居民住宅附近的加油站破产，他们加油变得越来越困难。"农村加油难"的问题越来越普遍。

图5-3显示了日本燃油需求与加油站数量的变化情况。从2000年以后，日本加油站数量开始减少，原因之一是混合动力汽车的普及使汽车燃油效率得到提高。1997年12月，第一代丰田普锐斯汽车进入市场，之后汽油销售量减少，越来越多的加油站经营恶化，甚至被迫倒闭。在农村，人口老龄化使劳动力出现短缺，人工加油站逐渐被自助加油站所取代。2009年5月第三代普锐斯一经发售便大受欢迎，2010年销量达到51万辆。再加上混合动力汽车种类的增加，市场上对汽油的需求量从2010年开始逐年减少。随之而来的是加油站数量规模进一步缩小。

图5-3　汽车发动机燃油效率提高使得对汽油的需求减少，进而导致
加油站数量减少

资料来源：笔者根据日本经济产业省发布的"资源和能源统计数据"创建。

　　根据日本经济产业省2013年公布的数据，"加油难地区"指的是辖区内加油站数量少于3座的地区。从2017年起经济产业省还公布了居民距离最近的加油站超过15千米的地区。图5-4显示了加油难地区的数量变化。从图中可以看出，加油难地区的数量每年都在增加，2019年达到332个，这占据了日本全国1741个市镇村的19%。再加上居民距离最近的加油站超过15千米的市镇村（15千米网格），共占33%。也就是说，日本全国三分之一市镇村的居民都变成了"加油站难民"（见图5-4）。

图5-4 加油难地区在不断增加，地下油库的老化也是原因之一

注：统计对象是所辖区域内拥有少于3座加油站，或者居民距离最近的加油站超过15千米的市镇村。2017—2019年数据为预测值。

资料来源：笔者根据日本经济产业省发布的"加油难对策手册"（2017年5月修订）创建。

地下油罐老化或将进一步加剧加油站倒闭潮

未来，越来越多的地区会因为加油站数量减少而出现加油难。原因有如下几点：日本农村人口持续减少，对汽油的需求进一步缩小；加油站从业人员的数量难以保障；加油站的地下油罐开始老化等。日本已经出现多起地下油罐漏油事件，所以2011年修订后的《消防法》规定，加油站运营商必须对使用超过40年的油罐进行检修。不过这需要花费巨额费用，即使政府给予补贴，每座加油站的维修费用仍然需要数百万日元。就算强制性维修好了，10年之后还要进行法定检查，如果被告知有泄漏的风险，就必须更换新的油罐。更换油罐的费用非常高昂，减去政府补贴，加油站运营商还要支付数千万日元。这对于盈利环境恶劣的加油站来说无疑是雪上加霜。

如图5-4所示，在日本经济产业省调查的范围内，地下油罐使用年数超过30年的加油站占样本总数的三分之二。这些加油站必须在10年内维修或者更换油罐。今后日本汽车市场也会进行电动化转型，未来汽油需求的前景会更加黯淡，因此可能有更多加油站不维修或更换油罐，而是直接倒闭。农村的生命线恐更加脆弱。

微型电动汽车的普及有助于改善农村基础设施薄弱的问题

微型电动汽车可以解决这一结构性难题。

居民对微型汽车的需求多来自购物和接送孩子上下学，移动范围限定在本地，因此宏光MINI这种续航里程短但是价格较低的电动汽车有较大潜在需求。它可以利用家用插座在夜间充电，因此即使在加油站较少的地区也能放心使用。

如果企业经营者或农民基于商业用途使用微型汽车，那么他们需要更长的续航里程，因此当地需要安装更多的快速充电桩。

对于加油站来说，安装快速充电桩的成本要低于更换老化油罐的成本。如果当地政府能够为汽车电动化转型提供支援，给加油站充足的补贴，使之能够涵盖充电桩和取暖器煤油的费用，那么就能够防止地区生命线变得更脆弱。

在欧洲，石油巨头荷兰皇家壳牌集团正在进行业务改革，致力于转型成为一家电动汽车基础设施公司。它要在加油站安装更多的快速充电桩，并打算收购欧洲最大常规充电网络——德国优碧翠西公司（Ubitricity）公司。未来，它或将在日本也推行类似举措。

如表5-1所示，除了加油站之外，充电桩还可以安装在其他基础设施、零售店、外卖店、甚至金融机构中，因此可以由整个地区来承担充电网络的建设费用。

有了发达的充电网络就能够保证区域内电动汽车拥有剩余电量，并且可以将剩余电量分配给住宅和事务所。这样一来，当地震、台风和洪水等自然灾害导致通信中断时，人们可以把电动汽车作为应急电源使用。居民生活中不可或缺的微型汽车，在经过了电动化转型之后，不仅保留了代步功能，还承担了新的使命，那就是增强社会在灾害发生时的恢复能力。

表5-1　除加油站之外，大量的基础设施和店铺都能构建起区域充电网络

基础设施	店铺数量（个）	零售、外卖	店铺数量（个）	金融机构	店铺数量（个）
加油站（人工+自助）	29637	新车经销商	14406	金融机构	29183
快速充电桩数量	7700	大型二手车商	1744	城市银行	1807
邮局	24313	药店	17340	农村银行	7776
其中人口稀少地区的邮局	7794	食品超市（小超市除外）	14771	第二农村银行	2719
便利店	58482	家庭餐厅	10204	农林中金系列	7477
火车站	9249	日用杂货店	4471	信用金库	7176
路边驿站	1193	大型家电专卖店	2508	信用社	1614
物流配送站（前三名）	1062	综合超市（GMS）	1285	劳动金库	614

微电网和区域数字货币的利用

通过微型电动汽车，我们提出日本独有的价值主张。而利用"车辆到万物"技术将电动汽车与区域微电网融合到一起是前提保障。

我们可以利用可再生能源发电，向充电站输送电力，以实现地区脱碳，并在可再生能源领域创造更多就业岗位。利用区块链和物联网技术，在确保安全性的同时，通过互联网把分散各地的充电站连接到一起，构建一座平台。电动汽车与充电站之间执行智能支付，人们通过共享数据确认充电站是否在使用中。这样做既方便了充电站所有者和使用者，还有助于扩大充电站的数量规模。自2019年以来，北海道电力公司一直在与区块链企业合作进行相关研究和尝试。

利用可再生能源充电的电动车主将获得当地数字货币作为奖励，这种货币可以用于行政事务等各种消费。利用区块链技术的区域数字货币将与服务、社区结合在一起，构成一个相互支撑的机制。这样一来，当地的潜藏价值变成了货币，被可视化和量化，而货币的流通将使地区经济更加活跃。日本地方政府已经在考虑采用这种措施。

微型电动汽车和充电桩的普及将成为区域振兴不可或缺的

工具。

只有微型自动驾驶公交车才能满足农村需求

在本节内容的最后，笔者想强调一点，自动驾驶公交车是下一代移动出行方式，它的出现有助于振兴区域经济。而把自动驾驶公交车打造成微型电动汽车，将进一步提高其实用性和可行性。

在农村，因为人口稀少，所以公交车和出租车司机人手不足。部分老年人没有私家车，出行很不方便。现在农村公交部门正在考虑利用自动驾驶的低速电动公交车，帮助老年人在住宅与附近站点之间移动。针对自动驾驶公交车的道路行驶，日本已经开展过数次概念验证。它们在农村运营需要解决车体大小的问题。由于农村大部分道路都比较狭窄，而公交车最小转弯半径很长，因此经常无法在公路上或十字路口顺利拐弯。微型汽车因为尺寸小巧而受到欢迎。公交车要进入农村市场，最好把它改成微型汽车的规格。

很多农村居民没有私家车，自动驾驶汽车在农村需求量较大。不仅是日本，很多国家都有类似的情况。因此，如果把自动驾驶电动汽车加以改造，做成符合日本标准的微型汽车，那么这项日本独有的技术或许在其他国家也能挖掘出潜在需求。

世界最强供应网络

——在熊本设立电动汽车工厂

最后，笔者构思了一个方案，可以帮助日本制造出傲视全球的电动汽车。借此机会将其与读者共享。

简单来说，这个方案就是在熊本县建立电动汽车工厂。

日本应充分发挥亚洲的优势，强化供应链构筑能力

既然日本无法成为规则制定者，那就必须遵守欧美制定的脱碳和汽车电动化转型的相关法规，在此前提下制造日本独有的电动汽车。在前一小节内容中，针对"制造怎样的电动汽车"（What）的问题，我们给出了微型电动汽车的答案。在本节内容中，我们将探讨"怎样制造"（How）的问题。

日本汽车产业在亚洲处于领导地位，而亚洲已经建成了全球最好的供应链网络，日本可以充分利用近在咫尺的供应链网络，从世界最高水准的亚洲企业采购电动汽车主要零部件。当然日本同时也会采购国产优质零部件，然后在日本把它们精心组装成电动汽车。要将从亚洲采购的优良部件组装成优质电动汽车，并使它的表现无可挑剔，日本需要甄选出最好的零部件，并且具备保证产品质量的量产技术。这就是日本的价值主张。

日本劳动力成本较高，所以制造低价电动汽车并不现实，但是我们可以在汽车中体现出脱碳和可持续发展目标等新价值。如果我们制造出贴有日本制造标签的电动汽车，附加上这些新价值，并且证明这些价值的数据可追溯，那么即使价格高昂，也会有市场。

熊本境内的水资源和火山可以解决台积电的问题

台积电正在考虑在熊本建设半导体工厂，这给了笔者灵感和启发，促使笔者构思出以熊本为中心的电动汽车供应网络方案。台积电首席执行官魏哲家在2021年7月15日的新闻发布会上表示，该公司正在评估在日本建厂的投资风险。由此可见，台积电正考虑进入日本市场。索尼公司拥有全球最大市场份额的图像传感器，其主要工厂位于熊本，而为索尼公司代工零部件的台积电也考虑将日本工厂设在熊本。

如今，没有台积电的车载半导体就无法造车，所以台积电在日本建厂将给日本汽车产业注入一剂强心针。不过即使台积电可以从日本经济产业省获得投资补贴，要建设一家新工厂仍然需要投入数万亿日元用来购买设备和引进人才，而日本市场又相对较小，所以台积电一定会谨慎评估日本是否值得长期投资。

日本有半导体生产过程中不可或缺的水资源，还拥有实现脱碳所必需的可再生能源供应能力；还具有电动汽车生产能力，是车载半导体的优质市场。

中国台湾水资源不足一直是令台积电头疼的问题，2021年在业务最繁忙的时期中国台湾出现了供水荒。而日本九州岛（因为云集了大量半导体相关工厂，所以被称为"硅岛"）的熊本县阿苏市位于世界最大火山口与雄伟的外轮山构成的盆地中，拥有世界首屈一指的丰富水资源。台积电在熊本建厂可以摆脱水资源不足的困境。

除此之外，台积电未来或将面临另一项"不足"，那就是在半导体制造过程中脱碳所需的可再生能源采购问题。中国台湾发电量的80%以上依赖火力发电。因为降水量不足，所以很难增加水力发电量，而区域面积狭小导致可供安装太阳能电池板的土地很少。在海上风力发电方面，它面临着与日本相同的问题，那就是因为技术改进与环境评估需要相当长时间，所以短时间内无法大幅增加风力发电量。因此，为了满足包括苹果在内的客户的脱碳需求，台积电需要考虑将生产搬到海外，前提是该地能够较为容易地采购到可再生能源。

九州是日本国内太阳能、风能等可变可再生能源较为丰富的地区，当地的可变可再生能源供大于求，甚至出现"发电过剩"的现象。一方急需为可变可再生资源找到买家，而另一方则急于采购可再生能源，双方的诉求完美达成一致。此外，熊本还可以利用火山能进行地热发电，这是一种不受季节和气候影响的无碳可再生能源。因为熊本境内坐落着火山，所以能够扩充地热发电，为社会和产业提供长期稳定的电能。从维持并提高可再生能源采购可持续性的角度看，熊本对于电力消耗大户台积电来说，是一块有吸引力的土地。

扩大日本电动汽车产能既可以帮助台积电利用地理优势分散地缘风险、解决两个"不足"问题，又能为台积电的产品提供长期市场。因此，未来台积电在熊本建立电动汽车工厂是一个好的选择。

丰富的火山能源和畜牧资源——区块链社会发展的有利条件

在日本，由于《自然公园法》的限制，企业很难在拥有80%地热资源的国家公园或准国家公园建设地热发电厂。另外，因为担心影响到温泉，所以在新建或扩充地热发电厂时，必须避开温泉地区。不过日本政府未来打算推进地热发电项目，进行规制改革，修改《自然公园法》，因此未来日本地热发电量很有可能会增加。

如上节内容所述，利用区块链技术，将电动汽车与电网、区域数字货币结合起来有助于提高电动汽车的经营利润。现在，使用无碳可再生能源开采加密资产已经成为全球趋势，日本作为世界第三大地热资源国，有丰富的火山能源，可以吸引挖矿设备方面的投资。

同时还要吸引宁德时代公司到琵琶湖周边投资设立电动汽车电池工厂

从经济安全方面考虑，培育电动汽车电池产业与半导体产业一样，都是日本的重要课题。半导体芯片由于体积小，所以可以从中国台湾（台积电）空运到日本。但是电动汽车电池体积庞大，空运并不方便。要减少对中国和韩国产能的依赖，日本必须吸引外国公司到日本投资建厂，其必要性更甚于半导体芯片。现在日本已经到了汽车电动化转型刻不容缓的时期，对日本来说已经没有时间了，所以与其等待速度与财力均不及中韩的日本电动汽车电池制造商增加国内产能，不如想办法吸引技术精湛，并拥有经验丰富的其他国家公司到日本投资建厂。如果日本要吸引半导体产业的领跑者台积电到日本建厂，那么也应该考虑邀请电动汽车电池行业翘楚宁德时代公司来日本投资。

半导体芯片可以从中国或韩国进口，但是电动汽车电池不行。从消除自然灾害风险的角度看，电动汽车电池新工厂可以设置在九州以外地区。从结论来说，其他国家厂商投资可以选择滋贺县湖南到湖东的那片地区。滋贺县位于内陆，没有大型河流，水灾风险较低，县内湖南和湖东地区分布着日本最坚固的岩体之一——湖东流纹岩，地震带来的物理破坏可以限制在相对较小的程度。这里距离九州地区有500多千米，电动汽车电池和零部件可以通过陆路运输在一天之内到达。另外，大发汽车的工厂（位于龙王町）和日本锂能源公司的本部工厂（位于栗东市）都位于滋贺县，滋贺县在某种程度上已经形成了汽车与电池的供应网络，这对于吸引外资也是优势。拥有多家汽车工厂的滋贺县对于宁德时代来说也是一大市场，因此可以考虑邀请宁德时代公司投资办厂。

如果日本能够发展可再生能源和循环回收技术，构建起满足生命周期评估所要求的供应网络，那么不仅现有的日本汽车制造商，就连积极致力于碳中和的亚马逊、特斯拉和苹果公司都可能考虑在日本生产电动汽车，未来也许还会出现索尼电动汽车。通过扩大产能，制造高品质的日本产电动汽车来提供更多就业岗位，这符合日本的国家利益。

利用横向分工模式制造电动汽车，增进国家利益

最后的问题是，熊本的电动汽车工厂将由谁、采取怎样的商

业模式进行管理？先说结论，笔者认为，应该采取横向分工的制造模式，由包括国内外企业在内的公私合作组织来管理，不过前提是它们能够获得海外技术，并拥有丰富的人脉资源。

为了保证供应链的可持续性，我们要确保多个厂家都有能力生产电动汽车主要零部件。日本汽车制造商在电动化转型方面起步较晚，某些企业不用说半导体，就连电动汽车电池也无法保证能采购到，这些企业会出现产能过剩问题，并逐渐陷入经营困境。解决办法是利用过剩的产能为其他企业代工生产汽车。为此，在熊本生产的电动汽车必须做相应的设计变动，确保横向分工模式下其他工厂的供应链也能参与到汽车制造中。

熊本汽车工厂的管理机构需要通过扩大电动汽车产能来保护日本的就业，增进国家利益。因此，我们必须摒弃只重视日本国内企业与市场这种保守观点，成立公私合作机构，充分利用亚洲的世界顶级企业以及那里的人脉和网络，将全亚洲的汽车产业整合到一起，制造出具有日本风格的电动汽车。

"零碳出行"意味着回归到日本汽车产业的原点

在明治时期，日本充分利用国外资源，将各行各业发展壮大。那时日本的汽车产业就诞生在九州地区。1901年（明治34年）成立的国营八幡制铁所，以德国企业的设计为蓝本，引进德国技术人员和制造工艺。该制铁所促进了日本产业近代化的进步，为北九州的发展奠定了基础。

1914年快进社株式会社（后改名为DAT汽车制造株式会社）推出了第一辆纯国产乘用车"脱兔号"（DAT号），并于1931年并入户畑铸物株式会社（1910年鲇川义介在北九州创立，后更名为日立金属株式会社）。1933年鲇川义介掌舵的日本产业株式会社与户畑铸物株式会社共同出资成立了汽车制造株式会社，并于第二年更名为日产汽车株式会社。

如今，汽车产业正在进入一个完全不同的世界，一个基于脱碳这一新价值观和规则的世界。对日本来说，"零碳出行"意味着回到汽车的原点。日本汽车产业应该回归初心，高效利用海外资源，打造出引领亚洲的电动汽车。只有这样做日本汽车产业才能变危机为商机，破解当下的困局。

后记

　　本书开头部分引用了安德鲁·卡内基的名言。柠檬表皮很厚，从外部无法分辨里面的东西，因此在欧美地区这个词常用来形容缺陷品或者劣质品。"递给某人一个柠檬"意味着"给别人一个不讨喜的东西"。

　　所以这句名言的意思是，即使没被赋予好的材料和条件，即使身处糟糕的境地，也要利用它们，尽自己所能制作出最好的东西。

　　卡内基是20世纪初期美国的"钢铁大王"。他1835年出生于苏格兰，是一名手工编织工匠的长子。在当时的英国，越来越多的纺织工厂利用蒸汽机工作，所以手工编织者失去了谋生手段。不得已之下，1848年卡内基一家举债移民到了美国。卡内基通过努力摆脱了因工业革命导致的贫困生活，他从事过各种工作，掌握了多种技能，最终取得了成功。他的格言对于处于脱碳风口浪尖的日本以及日本汽车产业来说都非常有意义。

　　正如我在前文所述，为了实现欧洲的复兴，欧洲人发起了一场社会运动，他们要重新调整现有的经济和社会秩序，打造一个全新的秩序，并使之成为全球趋势。欧洲人设定了碳中和的目标，并推动其成为全球共识。在工作中，欧洲成为制定标准（价值尺度）和规则的主体。

汽车产业的电动化是实现碳中和的重要措施。诚然日本国内可再生电能构成比较低，不利于同海外竞争，同时电动汽车零部件数量减少可能会导致就业岗位缩减。但是日本汽车产业不应该对汽车电动化转型犹豫不决，甚至作出抵抗，而是要在创意上下功夫，迅速构建以电动汽车为核心的新生态系统。

当然，日本中央政府和地方政府必须帮助汽车行业进行电动化转型，它们要在财政上提供支援，扩大充电基础设施，引入碳定价机制，对脱碳行为给予奖励。同时政府还要制定相关政策，促进汽车产业与发电产业合作，增加就业岗位。

写下本书，是出于我个人对汽车和环境问题的浓厚兴趣，以及我在欧洲（脱碳规则的制定者）的实际经历。

我1981年出生于东京目黑，小时候在中目黑长大，因为当时空气污染严重，所以患上了哮喘。当时骑自行车或者乘坐公共交通工具就可以前往任何想去的地方，所以家里没有私家车。那时我很讨厌汽车，我不理解为什么我要被迫吸入陌生人驾驶的汽车尾气，而不得不每天吃药。虽然年幼，但是环境问题对我来说已经是一个重要课题了。

2000年夏天，在升入大学之前，借着汉诺威世博会的契机，我参加了由日德协会组织的青少年项目，到大众汽车沃尔夫斯堡总部实习了3周。因为我决定在大学学习环境政策和经济学，所以拜托他们将我分配到"环境战略和业务流程部"（Umweltstrategie Geschäftsprozesse）和"环境规划和生产现场部"（Umweltplanung Produktion/Standorte）。如部门名称所示，大众汽车将"环境"定位为重要经营战略之一，这一点给我留下了深刻印象。

那时我刚刚高中毕业，对商业一无所知。在大众汽车公司，霍斯特·敏特（Horst Minte）负责制定企业环境评估报告，他教给我怎样解读环境报告，告诉我可持续开发的本质，为我解释从1996年开始记录的主力车型高尔夫的生命周期清单（life cycle inventory，LCI）概念。这对我来说是非常珍贵的体验。实习期间我还实地考察了大众汽车总部工厂的各种环保技术，进入了普通员工难以进入的涂装车间，看到了工人怎样采取措施控制挥发性有机化合物的排放。此外，在主办方的安排下，我还深入工厂基层，参加了德国最大的工会之一——德国金属工业工会（IG Metal）在工厂内举行的游行活动，和工人们一起在员工餐厅品尝每周二必有的德国咖喱肠（加入咖喱粉和番茄酱的烤肠，是德国北部的"灵魂食物"）。是否应该追求以人为本的环境可持续发展？怎样将可能影响企业利润的环保经营与促进就业结合起来？通过此次实习，我亲身体验到了这些课题的重要性。环保经营称得上是欧洲企业的固有文化，在接触它的过程中，我开始对汽车以及汽车产业的未来产生了浓厚兴趣。

在大众汽车完成实习之后，正如我在前言中提到的，我在伦敦政治经济学院学习了欧洲产业政策制定者的价值观、对环境的看法、可持续发展的本质以及碳定价等市场机制。大学毕业后我回到日本，做了一名分析师，见证了不同产业的发展，但是很长一段时间内我都没有机会将自己在大众汽车和伦敦政治经济学院学到的东西运用到工作中。

后来德国发生了柴油造假问题，2016年巴黎车展上诞生了"CASE"一词，在那之后，发端于欧洲的脱碳和汽车电动化趋势愈演愈烈。看到这一切，我开始感到自己在欧洲和英国获得的知识和经验或许有了用武之地。作为移动开放区块链倡议（欧美汽车制造商和欧盟委员会也都参与其中）联盟的理事，我能够站在更高的视角来审视联盟的活动，我看到了在脱碳名义下的规则制定行动正在加速。

与读者共同分享我对汽车行业观点这一愿望，我在2018年写下了描绘行业变革背景的《移动出行2.0》，并在2020年出版了以区块链为主题的《移动出行新经济》^①。后者上架之后，我马上开始准备本书的出版事宜。主要原因是我想在2021年11月《联合气候变化框架公约》第二十六次缔约方大会举办之前，推出这部以环境和脱碳为主题的作品。这对我来说是一个宏大的主题。另外，在移动开放区块链倡议联盟的活动中我可以感受到，汽车行业的变革正以惊人的速度发展，正在进入完全不同于以往的舞台。我想将这一点尽快告诉读者，这也是我撰写本书的另一个原因。

事实上，在同国外汽车相关人士以及决策者的交流中我注意到，"CASE""MaaS"等诞生于汽车和移动出行产业的词语今天仍被日本人时常提及。但是在其他国家，从新冠肺炎疫情暴发的2020年起，人们已经很少谈及这些词了，取而代之的是"脱碳"和"碳中和"。这表明行业和企业生存的博弈舞台发生了变化，人们正在改变游戏规则。在这一背景下，我们必须改变既有的价值观，在新的价值观下行动起来，努力在行业大变革中生存下去。

希望通过本书，读者能够了解欧洲制定脱碳和汽车电动化等新规则的背景和目的。如果本书能够帮助日本和日本汽车产业把

① 《移动出行新经济》中文版已由中国科学技术出版社于 2022 年 3 月出版，书号 ISBN 978-7-5046-9428-7。——编者注

面前的困境做成"柠檬汁①"，我将感到非常荣幸。

本书得益于包括移动开放区块链倡议联盟会员等众多人士的支持才得以问世。在写作期间，我与以下人士进行了讨论与交流。请允许我写下他们的名字以表谢意。

（敬称略，姓名按照姓氏英文字母顺序排列，职位为本书执笔时的职位，*表示移动开放区块链倡议联盟会员组织）

克里斯·巴林格（Chris Ballinger），移动开放区块链倡议联盟联合创始人兼首席执行官*

加藤良文（Yoshifumi Kato），日本电装株式会社首席技术官兼首席标准官*

克里斯蒂安·科贝尔（Christian Köbel），本田欧洲研发部高级项目工程师*

久保贤明（Masaaki Kubo），日产汽车动力总成和EV技术研发本部、动力总成和EV尖端技术研发部部长

郭贞伶（Karen Kuo），美国思杰公司首席营销官

约萨庞（Yossapong Laoonual），泰国国王科技大学移动与车辆技术研究中心负责人

波罗蜜多·密特拉（Pramita Mitra），福特汽车公司物联网

---

① 见篇首卡内基的格言。——译者注

与区块链部门研究主管*

村濑博章（Hiroaki Murase），伊藤忠商事株式会社可持续能源事业部部长*

德尔莫特·奥布莱恩（Dermot O'Brien），欧盟委员会项目成员*

冈部达哉（Tatsuya Okabe），日本电装株式会社高级软件开发部总管*

冈本克司（Katsuji Okamoto），日本先知株式会社（Kaula）首席执行官*

拉雅·拉杰班达里（Rajat Rajbhandari），德克斯货运公司（dexFreight）首席信息官、联合创始人兼董事会成员*

哈利·桑塔马拉（Harri Santamala），芬兰森西博公司（Sensible4）首席执行官

多田直纯（Naosumi Tada），日本ZF株式会社董事长兼总经理

角渊弘一（Hirokazu Tsunobuchi），国际半导体产业协会可追溯委员会联席主席*

尹志芳（Yin Zhifang），中国交通运输部科学研究院城市交通研究中心*

特拉姆·吴（Tram Vo），移动开放区块链倡议联盟创始人

兼联合董事*

日经商业出版社的赤木裕介是我前两部作品的编辑，此次他仍然负责本书的编辑工作。在本书的执笔期间，赤木给了我许多有益的指导和建议。能在30多岁的年纪出版三部商业类书籍，这对于我来说是宝贵的经历。尤其前两部作品让我结识了很多新的朋友，你们让我知道了写作是一件多么美妙的事情，在此衷心表示感谢。

我还要感谢伊藤忠总研的各位前辈和同事们。尤其社长秋山勇和首席运营官协田英太，他们帮助我在公司内部进行协调，支持我在移动开放区块链倡议联盟的活动和本书的撰写工作。在各位的帮助之下，我才能顺利完成研究和写作，非常感谢。

英国怡和控股集团（Matheson&Co.,Ltd）的前董事杰里米·布朗（Jeremy Brown）是我的人生导师。大学时期因为学习量过大，我身心俱疲。为了鼓励我，居住在伦敦骑士桥的布朗经常请我去那附近的餐厅吃晚饭，告诉我怡和集团在日本和亚洲的历史，并且将50多年商业活动中得到的经验和培育的世界观都教授给我。他不仅支持我学习语言，培养国际意识，还教给我他的祖国苏格兰的文化和经营理念。事实上，在明治维新期间，苏格兰文化也给日本带来了影响。我本来的打算是，2021年11月在格拉斯哥召开《联合国气候变化框架公约》第二十六次缔约大会时，我将带着这本书前往苏格兰邓弗里斯（Dumfries）拜访布朗，聆听他的教诲。但是由于新冠肺炎疫情无法成行，所以只能等到明年天气转暖，蓟花盛开之际再度前往拜访。

最后，还要感谢支持我前往英国留学的父母。44年前父亲曾经前往瑞士洛桑，求学于国际管理学院，这是我与欧洲的另一段缘分。我的求学经历以及父母的影响在我与瑞士、欧洲（规则制定的大本营）之间搭建起一座桥梁，这将有助于我今后工作的开展。新冠肺炎疫情给日本社会带来了巨大冲击，我的写作给为疫情忧心忡忡的爱妻绫子带来了沉重的负担。尽管如此，她仍然像以前一样全身心支持我。没有妻子的理解，就没有本书的问世。谢谢你，绫子！还有我的儿子英一郎，他刚满6岁，最近开始学习骑自行车，已经开始踏入移动出行的世界。在他长大之后，城市中将随处可见电动汽车，脱碳将成为常态。我希望那时的他也能够给本书提出意见。

2021年8月15日

于东京涩谷家中

参考文献

1.Bridge, James（2013）Millionaires and Grub Street: Comrades and Contacts in the Last Half Century, New York: Books for Libraries Press

2.Coase, Ronald（1937）"The Nature of the Firm," Economica, New Series, Vol.4, No.16, pp.386–405

3.Doyle, Jack（2000）Taken for a Ride: Detroit's Big Three and the Politics of Pollution, New York: Four Walls Eight Windows

4.European Commission（2020）Determining the environmental impacts of conventional and alternatively fuelled vehicles through LCA, Ref: ED11344 Issue Number 3, Brussel Gelernter, David（1991）Mirror Worlds, New York: Oxford University Press, Inc.

5.Kaya, Y.（1990）Impact of carbon dioxide emission control on GNP growth: Interpretation of proposed scenarios, Paper presented to the IPCC Energy and Industry Subgroup, Response Strategies Working Group, Paris

6.OECD（2018）Effective Carbon Rates 2018: Pricing Carbon Emissions Through Taxes and Emissions Trading, OECD Publishing, Paris

7.Tapscott, Don and Tapscott, Alex （2016） Blockchain Revolution: How the technology behind bitcoin and other cryptocurrencies is changing the world, New York: Portfolio/ Penguin.

8.Turner, Kerry, Pearce, David and Bateman, Ian （1993） Environmental Economics: An Elementary Introduction, Baltimore, MD: The Johns Hopkins University Press

9.World Bank （2020） State and Trends of Carbon Pricing 2020, Washington, DC: World Bank

10.岩坂英美（2021）" 排出権取引制度の現状とビジネスの展望，"『伊藤忠総研エコノミックモニター』，No.2021-014

11.宇沢弘文『自動車の社会的費用』岩波書店、1974年

12.大鹿隆（2014）"続・中国自動車産業の実力，"『東京大学ものづくり経営研究センター・ディスカッション・ペーパー』，No.460

13.深尾三四郎、クリス・バリンジャー『モビリティ・エコノミ

クス～ブロックチェーンが拓く新たな経済圏』日本経済新聞

出版，2020年

14.深尾重喜『マーケティングの最新活用法』朝陽会，2010年本

田宗一郎『俺の考え』新潮文庫，1996年

15.和田日出吉『日産コンツェルン讀本』春秋社，1937年